U0561645

STRATEGY
COMPASS

【 全新修订版 】
新时代下持续增长的战略逻辑

战略罗盘

王成 —— 著

中信出版集团 · 北京

图书在版编目（CIP）数据

战略罗盘 / 王成著 . -- 修订本 . -- 北京：中信出
版社，2018.1（2025.1重印）
ISBN 978-7-5086-8462-8

I. ①战… II. ①王… III. ①企业战略 IV.
① F272.1

中国版本图书馆 CIP 数据核字（2018）第 310710 号

战略罗盘

著　　者：王　成
出版发行：中信出版集团股份有限公司
　　　　　（北京市朝阳区东三环北路 27 号嘉铭中心　邮编　100020）
承 印 者：北京通州皇家印刷厂

开　本：880mm×1230mm　1/32　　印　张：8.625　　字　数：190 千字
版　次：2018 年 1 月第 2 版　　　　印　次：2025 年 1 月第18 次印刷
书　号：ISBN 978-7-5086-8462-8
定　价：58.00 元

谨以此书献给我的两个宝贝女儿：

王舒漾和 Suri

一本好书能让我们在变化莫测的世界返璞归真，找到回答问题的方法。战略管理是一个复杂的问题，王成先生结合深厚的理论功底和丰富的实践经验，用简明的方法提出并回答了关于企业战略至关重要的 4 个问题：战略有没有、战略好不好、战略实不实、战略快不快。所有期望在复杂环境中点亮战略明灯的企业及管理者，都应该好好读读这本书。

——陈劲，众安保险 CEO

这是一本充满质感的论著，其内容丰富、见地良多。理论底蕴与行动导向相结合，接地气、重实操，不故弄玄虚，端出来的都是干货。展卷细品，其结合了战略管理领域的经典论著和前沿思考，并被灵活地运用在中国企业热火朝天的转型实践中。

——马浩，北京大学国家发展研究院教授、著名战略专家

如何在复杂多变的市场中制定好的战略？如何提高中高层管理人员的战略思维能力？这是每个企业都面临的挑战和需要完成的任务，中信集团将《战略罗盘》引入高管培训课程中，反应热

烈、好评如潮。《战略罗盘》再版了，希望能给中国企业带来更多的启示，让我们从优秀到卓越！

——郭朝红，中信管理学院院长助理

战略领域的大师多如繁星，制定战略的工具更是数不胜数，但能够将战略的整体逻辑阐述透彻者非常之少。王成先生有文韬武略，凭其多年战略咨询的积淀和创业历练，在《战略罗盘》中为企业战略规划提供了清晰的逻辑指引和系统的方法论，既提纲挈领，又有实操落地。王成老师的《战略罗盘》课程也因完整的体系、实用的内容而深受中集集团高管层的欢迎。

——张卫红，中集集团中集学院院长

2013年，本人参加了中国南车集团高级职业经理培训，有幸聆听了凯洛格公司董事长王成先生的《战略罗盘》讲座，大有醍醐灌顶、豁然开朗之感。毫不夸张地说，这是我听过的最好的战略课程。

——黄纪湘，中国中车集团南方汇通股份有限公司董事长

听过很多战略课程，王成先生的《战略罗盘》课程给我留下了深刻的印象。王总能将战略管理这一宏大问题精炼到短短两天的课程，并且能够讲清楚、讲通透、讲精彩，功力着实了得。这门课程很快被选为东航战略性人力资本提升项目的核心课程、精品课程，面向中高层管理人员开授，反响十分热烈。述而优则作，《战略罗盘》一书的出版可谓恰逢其时，必将成为战略管理研究领域的新亮点。

——钟雯，原东航集团培训中心总经理

目
录

导　论　穿越未来的战略罗盘

第一模块
规划视角：将战略意图转化为战略地图

第 1 章　由外及内的战略思维

第二模块
定位视角：竞争格局、竞争战略和竞争优势

第三模块
能力视角：打造落地战略的组织能力

第四模块
学习视角：通过认知升级快速迭代战略

第12章 战略不仅需要规划，更需要进化

结　语 修炼你的战略领导力

九字国策定江山

田宇

中信产业投资基金管理有限公司总裁

　　王成先生的《战略罗盘》是一部不可多得的好书，其中有很多充满智慧和思想火花的论断，能给人以醍醐灌顶的畅快感。

　　目前，中信产业基金累计投资了一百多家企业，以超过千亿元人民币的资产管理规模成为中国领先的资产管理机构之一，在其发展历程中，我们对战略深有体悟。战略需要大思维、大格局、大架构，这里的"大"并非虚空，而是望得见、摸得着，直接关乎组织的事业和人们的生活。

　　战略制定者要有辩证思维、远景眼光，要有开放的时空观、深厚的哲学思想积淀。在时间维度上要有纵深感，在空间维度上要有延展性。凭一时之热情，拍脑袋决策产生不了战略。"高筑墙，广积粮，缓称王"是朱元璋的胜利之本。明朝开国谋士朱升的这九字，其价值何止百万大军。毛泽东同志对此评价甚高，称赞其"九字国策定江山"。赢人先赢战略，其实所赢者，时空观认识也。

战略要有逻辑清晰的脉络，战略由组织确立，组织因战略强劲；有了清晰的战略，才有健全的组织。战略要保证清晰化和统一性，使组织中绝大多数人的意志、行为都指向同一目标。这样的战略才称得上高瞻远瞩，才能承载宏大的理想。

正像王成所说："生意人和企业家之间的区别就在于战略二字。"战略决定公司的境界，没有战略目标的公司便没有远大的前程，不过是"做生意"而已。企业层次取决于战略的高下，战略的高下呈现企业的形象。

战略是思想和智慧的合集，是现实向不远将来的美好邀约，是为了持续拥有精彩未来而对未来开展的探索旅程。人生如企业，需要清晰的目标、明确的使命和正确的价值观；企业如人生，让战略指引其在各个阶段卓越成长。飞多高、飞多远、飞到哪里去？为回答这些问题，我们需要《战略罗盘》这一导航系统、定位系统。

战略从何而来？归根结底，从实践中来，从哲思中来，从对时空的认知中来。何以来？学习、实践、继承、发展、创新！所真者，所贵者，无心拈出。唯其如此，才契理契机，入泥入水，宜逆宜顺，高屋建瓴，所向披靡。《战略罗盘》是智者之说，亦是空者说，有者说；破者说，立者说；为过去说，为将来说……一卷在手，深受裨益。

站在高远处

丁当

中国平安人寿保险股份有限公司董事长兼 CEO

在平安，凡提及战略、规划等议题时，大部分受过培训的管理者和优秀员工，头脑里首先涌现的是三个问句：我在哪里？我要去哪里？我怎么去？这三个既朴素又有哲学意味的问题，逼迫回答者尽量站在高远处，通观全局，做出回应。这个要求被平安概括为四个字：高处着眼。

平安集团通过"三问"，不断检视、拷问自己，以 3~5 年为节奏，与时俱进地滚动、调整、优化、更迭既有战略。平安总部毗邻香港，易得海外新风，在战略制定及实施过程中，平安走了一条"高举高打"之路。从最早向优秀金融企业学习，到引入顶尖的咨询公司；从直接引入海外优秀管理人才，到用"赛马制"遴选出卓越的本土干部，平安总是力求使用最优秀的人才，对标最优秀的基准，制定出最具有全球视野的战略，冲击最高远的目标。

可以说，正是在不同时期不同战略的指引下，配合极强的执行力和矢志不移的事业信念，平安才能牢牢抓准历史给予的发展机遇，以及行业变革、科技进步的诸多关键点，并以"敢叫日月换新天"的气魄，革新业务模式乃至商业模式，从局限于产险业务的小公司，成长为聚焦大金融、大医疗的全球性金融帝国，位列《财富》"世界500强企业"中的第39位。面向未来，平安在战略上将始终本着先知、先觉、先行的理念。

平安近30年的发展历程印证了《战略罗盘》一书中的诸多观点，对此，我颇有感触。界定企业的使命和战略，是企业家天生的任务。王成先生既长于思考，又有企业实践，他从大量的案例里提炼出的战略管理模型既有方法论，又有实操性。他的战略罗盘方法论，既兼顾了企业对战略稳定性的需求，又保留了面向未来的开放性；既论述了战略规划的基本逻辑，又建构了战略执行及组织能力建设的方法。对于这些主题和观点，我想很多企业家和管理者都会有所感悟和领会。

静心阅读这本书，不论是管理者还是企业家，都可以从中受益，可以收获对战略管理的新认识，帮助自身构建战略管理的基本方法论。同时，阅读此书也会提醒我们，不论是生活还是事业，需要不时将自己抽离出日常，登到高山上，鸟瞰远方前途，再返回地面，躬身上路，坚定地走向更清晰的未来。

战略是企业家的灵魂

曾光安

柳工集团董事长、柳工股份董事长

我和王成相识于 2005 年，他作为咨询总监为柳工制定了"五年战略规划"。当时"百亿柳工"的五年战略规划是一个非常成功的案例，它加速了柳工国际化的战略步伐！战略是一个企业的灵魂，也是企业家的灵魂。王成本人在战略制定和战略实施方面的独到经验和深刻领悟可以帮助中国企业实现战略制胜。

后来，我决定邀请王成担任柳工股份独立董事，任战略委员会副主任和提名委员会主任，以打通战略和人才的"任督二脉"。战略引领、人才驱动也一直是柳工的经营实践重点。在王成先生的指导下，我们完成了"十三五"战略规划，以"全面国际化·全面解决方案·全面智能化"为统领的"十三五"战略规划得到了柳工同仁和社会各界的高度认可。2017年8月25日，在"推动制造强国建设、持续推进经济结构转型升级"座谈会上，我汇报了新时代下柳工的新战略，得到了总理的肯定。

面向新时代，"一带一路"的倡议给柳工这样的制造型企业带来了巨大的发展机遇。柳工的业务已经遍及全球130多个国家，其中有近50个国家位于"一带一路"沿线，目前柳工约有三分之一的收入来自海外。在新战略的引领下，柳工上下正焕发出前所未有的创新活力和奋斗激情，将蓝图一绘到底！

欣闻《战略罗盘》将适时升级，也承蒙王成先生邀为作序，在新书先睹为快之余，也感叹该方法论的精悍有力和与时俱进。特此推荐。期待这部著作能够影响和帮助中国更多企业，迈向全球竞争舞台，强企强国，领航新征程！

有能力定义未来，才能超越竞争

吴志雄

帝王洁具股份创始人、总裁

我于 2016 年有幸获赠《战略罗盘》，竟一口气看了两遍，这也是我平生第一次读一本管理类书连续读了两遍。随后，我满怀期待地联系了作者王成先生，希望他能参与到帝王洁具正在制订的"2021 战略"行动计划中来。

2016 年 5 月 25 日，帝王洁具成功上市，我们决定乘上市东风，识未来趋势，定战略蓝图。现在看来，这无疑是一个正确的选择。从 2016 年 11 月开始，公司的两个团队在几轮神奇的"战略工作坊"活动中迅速地融为一体，通过战略罗盘四大视角的"拷问"，帝王洁具的新战略呼之欲出。最终我们确定了一个远超预期的目标。更令人兴奋的是，公司上下一致认可这一目标并势在必得。

战略不是"以过去推导未来"，而是要"以未来推导现在"，从终局看布局。有能力定义未来，才能超越竞争。2017 年 7 月，我们正式与高端陶瓷品牌"欧神诺"整合，整个帝王公司进入了高速发展阶段。新时代下，我们将着力打造一个更具有品牌影响力的国际化新"帝王"！

我相信，凡是读过这本书的人，一定不会怀疑作者的智慧。他能把古今中外名家大师的战略思想和自己的智慧融会贯通，从而形成这样一部脉络清晰、直击核心的著作，实在难得。未来让更多企业家和创业者将书中的战略模型付诸实践，并获得立竿见影的经营成果，这将是《战略罗盘》的最大价值所在。

战略是生死大计

陈玮

滴滴出行高级副总裁、原万科执行副总裁

读了王成的《战略罗盘》(修订版),发现他非常认真,在战略管理研究方面很有积累,也能够理论联系实际。他之所以能写出这本书,跟他多年来的创业、咨询、培训、阅读和思考密不可分。

战略是生死大计,决定着组织的方向和命运。以前,只要有聪明的头脑,依靠直觉和勇气就可以决定发展战略这一头等大事。但现在不太行了,环境变化太快,信息太庞杂,失败的代价太大,"敌人"也太狡猾。思考和确定战略似乎比登天还难,怎么办?

在实战中,创业者和企业家除了需要拥有聪明的头脑之外,还必须要拥有战略的思考模型和方法论。这是为什么会有这么多战略模型和思维框架的原因。这些战略模型大量出现在知名商学院的课堂上，出现在经营管理者的讨论中。

但是，这些模型很少是由中国人提出的。这就是王成所提出的"战略罗盘模型"最可贵的价值！这一模型吸收了很多西方理论的精华，又融会了大量企业的实践，并且在中国企业的实战中经历过检验。

现在要提出靠谱儿的、令人信服的战略思考框架是一件很难的事情。在移动互联网时代，过去的很多战略思考模型都受到了质疑，连那些西方战略大师的理论都受到了挑战，很多都被认为过时了。在这种背景下，重新提出"战略罗盘模型"是需要勇气的，这也反映了王成基于大量实践的理论自信。这是非常值得中国管理理论界和实践家学习和赞赏的事情。

中国企业的高管层在展望未来、构思未来战略的时候，头脑中是需要放几个思考框架的，王成的战略罗盘方法论是我们所采纳的重要模型。

此外，《战略罗盘》可读性非常强，王成通过大量中外案例来演绎他的洞见和模型，同时妙笔生花、文采斐然，让人读起来一点儿不费力，是一场令人享受的阅读之旅。

郑观应 100 年前的洞察：中国凭什么
追赶美国？

翻阅历史，你不得不向一个人致敬，这个人就是郑观应！郑观应是晚清著名的启蒙思想家，同时也是一名实业家，他早在 1893 年就主动给大清政府写了一份战略咨询报告：《盛世危言》。很遗憾的是，大清政府并没有采纳其战略建议！

郑观应的战略建议就是"商战重于兵战"！他写道："兵之并吞祸人易觉，商之掊克敝国无形。"我们不得不佩服郑观应的远见洞察，因为他过去所建议的，恰恰是当下美国的战略！

基辛格在《大外交》开篇中写道，每 100 年都会有一个大国崛起。继葡萄牙、荷兰、西班牙、英国之后，美国成为 20 世纪的世界霸主。到了 21 世纪，随着中国的崛起和美国的金融危机，很多人都开始思考美国是否会重走荷兰、西班牙、英国的衰落之路？

有一点需要指出的是，与荷兰、西班牙、英国通过"兵战"征服其他国家并获取资源不同，美国借助的是"商战"！正如郑观应所言"兵之并吞祸人易觉"，一旦遭到更强武力的打击或被征讨的国家奋起反抗，"兵战"控制资源的能力就大大降低，比如 1588 年西班牙的无敌舰队被英国击败，其海外殖民地也纷纷独立，从此西班牙一蹶不振。

美国采用了无形的"商战"。你看不到美国军队的影子，但是美国已经通过"商战"完成了对全球人民生活的全面控制：从人们拿的苹果手机、吃的必胜客、用的谷歌引擎，到看的《功夫熊猫》、坐的波音飞机！这种征服全球的方法不同于过去的"兵战"，不仅无形，而且非常分散，因为主体不是政府和军队，而是公司。

在战略课堂上，我偶尔会让学员做这样的练习，列举一下你家卫生间的"美国品牌"，几乎每个学员都能很快写下 5 个左右的美国品牌！然后，我再让大家列举一下卫生间的"中国品牌"，大家的速度就开始变慢了，需要很长时间才能写下 3 个左右的中国品牌！其他领域不讲，单看中国家庭的"卫生间"，竟然很多也被美国品牌占领，可悲可叹！

诺贝尔经济学奖获得者科斯先生在 100 岁生日时谈到了他心中的问题：在美国任何超市、任何家庭都可以见到很多中国制造的产品，但是，如果你问美国人有谁了解中国品牌，几乎没有任何人了解。

早在大清朝，思想家郑观应就建议：把中国自强的基点放在

"商战"上，整个中国不应该兵本位，也不应该是官本位，而应该是企业本位。遗憾的是，官本位已成为当下中国企业不能承受之重。在全球"商战"中，中国迫切地需要更多的品牌公司。

让人欣慰的是，在日益剧烈的全球商战中，已经涌现出华为、阿里巴巴、腾讯、美的等来自中国的"超级竞争者"，他们制定强大的战略，持续培育核心竞争力，不仅在全球产业格局占据一席之地，同时也在改变整个行业的演进态势。顺应"一带一路"的战略倡议，共战略执行主体一定是正在崛起的中国企业。

创立知名品牌公司，不能单纯依靠低端制造业的劳动力，也不能单纯依赖价格战和山寨模仿，必须在智力和能力上超越对手才能取得成功。这种智力和能力，就是战略。然而，遗憾的是，在当下中国大部分企业高管层中，战略之于赚钱的机会，战略之于垄断资源，战略之于客户关系，往往是排在次要位置的。

在中国，真正能够称之为拥有战略思维和战略逻辑的企业家和创业者，可谓凤毛麟角！而要追赶美国，成就强国之梦，我们需要更多具有战略思维和战略逻辑的"企业家"。严格意义上来说，他们必须先成为"战略家"，通过战略思维和战略逻辑引领成功创业和版图扩张，才能成为真正的"企业家"！

不以运营上的勤奋掩盖战略上的懒惰

您是战略家吗？这是我在课程中一直问大家的一个问题，这也是每一位CEO、创业者和事业部总经理必须回答的问题。此外，有哪些行为能证明您是一位深度的战略思考者？您的战略思维有哪些？您又遵循哪些战略逻辑？

金字塔再高也高不过塔尖，一个公司发展得如何根本在于创始人或 CEO，如果创始人或 CEO 的战略思维停滞不前，那么他就无法带领这家公司寻找到更大的机会。有一句名言说得好："一头狮子带领的一群绵羊，可以打败一头绵羊带领的一群狮子。"

无论是乔布斯、马云、任正非、宁高宁，还是马化腾和董明珠，都是"战略之狮"，他们站得高、看得远，富有战略远见和战略韬略，能够高效处理战略目标、战略布局、战略路径、战略落实和战略转型等一系列事关全局的战略问题，总能给人以高屋建瓴、大气磅礴的感觉，让人不自觉地想去追随。他们定战略、调组织、带人才，就像"一头狮子带领一群狮子"，共同创造知名企业！

让人遗憾的是，一些人即使担任了领导职务，仍然是"业务员思维"。有些高级经理升任为事业部总经理，仍保持"蝉"一样的眼界。蝉从出土脱壳到上树鸣唱，只能看到 3 个月的时光。3 个月刚好是一个季度，这也是很多"蝉型经理人"的眼界极限。也许有些经理人在一家企业已经工作 17 年了，但是他的眼界极限还是只有 3 个月。这种短视往往是企业战略的最强羁绊。

经营业绩下滑，很多企业往往习惯性于大规模整顿运营，比如削减部门、改善流程和压缩成本等，却忘记了反思战略。很多企业家喜欢在"路灯下寻找自己丢失的钥匙"，虽然那里光线很好，却不是他丢钥匙的地方。这就是典型的"以运营上的勤奋掩盖战略上的懒惰"行为！战略就是这样，造成当下困境的往往不是当下的运营，你需要翻开历史，从过往的战略决策中寻找原因。

1956 年 7 月 21 日，陈云同志在一次会议上讲："过去旧商人中，有一种头戴瓜皮帽、手拿水烟袋的，他们专门考虑'战略性问题'，比如缺什么货，应该什么时候进什么货。我们县商店的经理一天忙得要死，晚上还要算账到 12 点，要货时，再开夜车临时凑。看来，我们的县商店，也应该有'踱方步'专门考虑'战略性问题'的人。"

为此，卓越的领导者一定要成为站得高、看得远的战略家，不要做处理日常紧急事务的"救火大队长"，越忙越盲，越盲越茫，越茫越忙！要让自己成为经济学家凡勃伦所描述的"思想上的有闲阶级"，也如陈云所讲的那样，做一个有时间慢慢"踱方步"、深入考虑战略问题的人。

战略是起点，领导力是过程

在《孙子兵法》中，我发现了全世界最早的"领导力素质模型"：将者，智、信、仁、勇、严也。"智"，即智谋韬略，"信、仁、勇、严"讲的是领导力，意指言而有信、仁慈关爱、品格勇敢、奖惩严明。为何将"智"排在第一？因为如果第一个扣子扣错了，后面的扣子扣得再好也没有用！因此，我常常讲，"战略"是起点，"领导力"是过程。

很多领导口才一流、和蔼可亲，演讲时滔滔不绝，非常富有领导力和人格魅力。但是，如果领导人没有创造出战略硕果，没有让未来变得更加美好，那么所谓的魅力也将变成凋谢的玫瑰！只要创造出丰硕的战略果实，你偶尔的领导力缺陷也将变成你很酷的领导力个性！此时此刻，你可以想一想亚马逊创始人贝佐斯的名言："不是暴君的 CEO 不是好创业者！"

很多 CEO 和创业者经常向我抱怨人手不够、人才缺乏，人员的执行力太差。这些问题肯定存在，但是我经常提醒他们的是，公司的战略是不是出了问题：公司有战略吗，战略清晰并充分达成共识了吗，公司的战略是好战略还是坏战略？

《孙子兵法》讲得很好，"善战者，求之于势，不责于人"。"将帅无能，累死三军"讲的也是这个道理。其实，将帅无能，不仅累死三军，也会累死自己。

战略如此重要，以至于在《六韬》①中姜太公告诉文王，要警惕"七种坏人"，其中第一种"坏人"就是"无智略权谋的人，强勇轻战，轻视战略、战术的运用，侥幸取胜而立功"。著名管理大师拉姆·查兰在其《领导梯队》中也指出，任何想在领导梯队中向上高升的人，都需要富有远见，具有谋篇布局的战略能力。

高管层要成为"战略家"，首要前提就是系统掌握战略的相关知识。柏拉图在《理想国》中这样描述："水手们正为由谁来掌舵而争吵……他们不明白，只有通过研究一年各个季节的天空、星

---

① 《六韬》又称《太公六韬》，是中国古代的一部著名的道家兵书，全书以太公与文王、武王对话的方式编成。

辰和风向，才能让领航员真正有资格指挥一艘船，这些应该都是舵手的专业技术。"

拿破仑在行军打仗时，总是会携带一本《孙子兵法》。任正非、马云和史玉柱更是熟读《毛泽东选集》，他们从毛泽东军事战略思想中提炼企业的战略智慧。乔布斯非常推崇迈克尔·波特的《竞争战略》，并遵循其战略理念，不断舍弃，然后聚集所有力量，打造出极具差异化的一系列产品。

战略是一门非常高深的专业学科，需要你花时间和精力去深入学习。而拿起这本书深入阅读，就是一个非常好的开始。

也许有人会讲，与其说战略是科学的技术，还不如说战略是直觉的艺术。战略的确需要感觉、直觉和嗅觉，但是，但凡能被称为"艺术"的，都是从扎实的"技术"中磨砺出来的，比如徐悲鸿画的马和傅抱石画的山。

不过，有些高管层尽管是"战略盲人"，他们却不以为然，因为即使没有战略的指导，这些公司也赚了很多钱。但他们更像是"生意人"，而不是真正的"企业家"。

这本伟大著作的使命和内容

"每天心里都有无数的种子发芽，却没有一颗长成参天大树，这究竟是希望还是绝望。"这是罗素先生在其自传中的一句话。我从 2004 年开始创业，讲授战略课程，做战略咨询，一路走来也有这样的感觉，所以一心想写一本著作！

我非常希望《战略罗盘》这本书能够帮助中国成就更多的伟大公司。创建伟大公司一直是我的创业梦想，因为我认为实现"中国梦"和中华民族伟大复兴的唯一之路，就是让更多中国企业成为纵横全球的卓越公司。

纵观人类历史，其实就是一部"后来者居上"的历史。中国企业正处于全球格局中"后来者居上"的过程中，但是后来者并不会自动居其上，唯有凭借战略、韬略才有可能居上。

纵观所有军事战争和各种兴衰更替，"以小胜大""以少胜多""以快胜慢"的经典案例，无一不是凭借高超的战略而获胜的。在一定程度上，无形的"商战"比有形的"兵战"更需要战略智慧和战略方法，要成为伟大公司，必须凭借战略上的智力和能力。

在全球格局的商战中，我希望中国企业能够创造"后来者居上"的伟大成就，让中国能够从内在竞争力上超越美国，而不仅仅是在经济总量上取胜。这是身为一名中国人的我内心深处最强烈的期许，也是这本"著作"的使命和意义。

很多人都喜欢把自己的书称为"拙作"，而我为什么会如此厚颜，竟然称这本《战略罗盘》是一本"伟大"的著作？

因为在这本书里，我依照规划视角、定位视角、能力视角、学习视角四大模块系统地论述了战略，但我并不是这些战略思想和战略方法的创建者，我仅仅是一个"综述者"而已。

之所以说这本书是"伟大"著作，是因为我所选取的战略理论和引用的案例是伟大的，我所列举的战略家及其战略思想是伟大的。在这本书中，你可以看到来自理论界的战略家，也可以看到来自实践界的战略家，从哈佛商学院的迈克尔·波特到亚马逊的贝佐斯，从战略大师明兹伯格到腾讯公司的战略传奇。

富有穿透力的战略罗盘模型

我的贡献仅仅是提供了一个"战略罗盘模型"（见图 0-1），该模型可以指引公司高管全面审视企业的战略。该模型非常简单实用，它直指战略本源，不断用四大战略问题拷问我们，并推动我们找到解决之道。

图 0-1　战略罗盘模型简图

这四大战略拷问就是：

（1）战略有没有？你有战略吗？如果有，你能用一句话说清楚公司的战略吗？这是规划视角要解决的核心战略命题。

（2）战略好不好？你所拥有的战略是好战略吗？战略不仅有高下之分，还有好坏之分。这是定位视角要解决的核心战略命题。

（3）战略实不实？战略不能务虚，任何战略都需要充分的资源配置和扎实的组织能力作为落地的基石。这是能力视角要解决的核心战略命题。

（4）战略快不快？天下武功，唯快不破。在剧变时代，你不仅需要科学"规划战略"，更需要加速"进化战略"。这是学习视角要解决的核心战略命题。

围绕这些视角，作为一名战略领导者，你必须具备四大战略领导力：

（1）构建战略远见和雄心，明确战略意图，布局战略地图，推动大家前行在正确的道路上。

（2）深入洞察行业生态演进，设计与众不同的战略定位，并将战略定位深化为"护城河"。

（3）优化资源配置，打造组织能力，将战略转变为经理人的行为和员工的行为，推动战略落地。

（4）适应和引领战略变革，快速进行认知升级，创新探索、主动求变，推动战略快速进化。

即便如此，修炼战略领导力的道路并不会一帆风顺！战略一词的风靡反而让大家的战略思考能力下降。似乎关于战略的书籍越多，我们所掌握的战略知识就越少。在战略领域，有太多浮于表面的正确废话，有太多引人耳目的偏激论调。这不仅浪费了你宝贵的时间，还给了你太多的错误指向。

战略领域的确有一些经典之作，但很多高管层并没有时间去深入研读。马克·吐温早就指出，所谓经典，就是人人想读而没人去读的书。

基于此，我从浩如烟海的战略著作中，去伪存真，去粗取精，并小心翼翼地论述，生怕误读了战略先贤们的经典。我躲在波士顿韦尔斯利小镇，集中精力花了 3 个月时间完成了这本《战略罗盘》，我希望能用十多万字，把最经典的战略理念和最实用的战略方法系统地介绍给你，我生怕浪费了你宝贵的阅读时间。

《战略罗盘》一书的目的就是让大家回到"战略"的本源上，对战略进行全面而深入的阐释。当这一入口被彻底打通后，战略上的诸多问题就豁然开朗了。

我和大师们的单独对话

虽然我集中写作的时间仅仅只有 3 个月，但是，这本书其实是我历经 10 年才完成的。《战略罗盘》凝结了我 10 年的创业体验，也是我 10 年来讲授战略课程、主导战略咨询的经验结晶。我创业迄今，参与过上百家企业的战略咨询，做过上百场战略研讨会的促动师，为上万名中高层经理人讲授过战略课程。

我的学员几乎都是大中型企业的中高层管理人员，包括中信集团、中国人寿、中国南车、柳工股份、东方航空、传化集团等大型企业集团，也有优酷土豆、你我贷、帝王洁具、蓝豹西服等快速成长的中小企业。粗算一下，听过我战略课程的中高层管理人员应该接近上万人了。讲课是个辛苦活，从不同的行业到不同性质的企业，再到不同的上课地点，需要花费很多功夫。但每当我看到学员若有所思、深入研讨或偶有顿悟的样子，成就感便油然而生。

在我讲完战略课程之后，总能很欣喜地听到学员称赞这门课程，如"不错，真是太好了"等反馈，还有几位获得 EMBA 学位的企业家告诉我"这门战略课程是我听过的最好的战略课程"！我知道这样的评价有些过誉了，但还是希望你在阅读这本书的时候也能有类似的阅读体验。

在这里，我要向这些学员表示深深的感谢。这本书其实是在他们的共同参与下才创做出来的，他们的参与塑造了这本书的思维架构。我要感谢碧桂园董事局主席杨国强、东方航空董事长刘绍勇、传化集团总裁吴建华、柳工股份董事长曾光安、帝王股份创始人吴志雄、你我贷董事长严定贵、中信证券副总裁王朝男等等。由于人员众多，我无法——列举，但是，我希望他们能够在字里行间读到自己的观点。

很多学员评价我的课程干货多、接地气，同时又不失理论根基，课程鲜活、富有立体感！我想其中的缘由主要是《战略罗盘》这门课程倾注了我太多的创业感悟。我既不是大学教授，也不是一个纯粹的创业者，但我却同时喜欢上了这两个角色。

　　我于 2004 年开始创业，2006 年开始为碧桂园、柳工股份、国药控股等大公司提供战略咨询服务，2007 年进入教育培训行业，2008 年成为哈佛商学院在线业务的中国独家合作伙伴，到 2011 年，凯洛格公司完成 A 轮融资，开始打造移动学习平台……所有这一切都是我将所学习的"战略理论"应用在创业实践的结果。我非常喜欢这种感觉，热血澎湃并小心翼翼地尝试所看到的新鲜理论。

　　这也是我的一种幸运，因为很多大学教授并没有这种直接应用理论的机会。在这个过程中，我深刻体会到，最实用的理论是"最好的理论"。著名经济学家凯恩斯也曾深刻地指出："讲求实际的人自以为可以不受任何理论的影响，其实他们经常是某个已故的经济学家的俘虏。"

　　理论就是一系列逻辑，陈述清楚什么样的因可能产生出什么样的果，以及为什么会有这样的因果关系。因为掌握了很多战略理论和内在逻辑，我在创业过程中就少了很多"战略焦虑"，多了一份从容安静和战略上的淡定。很多人把创业失败归因为运气不佳、环境不好，我想这是归因于外。任何战略都需要凭借自觉或嗅觉去快速奔跑，但是不能"野蛮裸奔"，我们需要内在的逻辑和理论的外衣。

　　在创业、讲课之余，我喜欢写些零碎的东西，把偶得的灵感记录下来。写作是一种更加深邃、严谨的思考过程，它可以降低课堂上的随意性和模糊性，提升课程的严谨程度。

　　写作是一个和"大师们单独对话"的过程，也是一种深入研究对象的过程，我要把这一过程落实为永久的文字，反复推敲，以经得住时间的拷问。写作还可以让我更加平静地深入思考，之于创业和讲课，都颇有裨益。

创业、讲课、写作，这就是我的工作价值链。这三个环节是环环相扣、相互强化的工作方式，形成我个人差异化的人生战略定位。

从《战略罗盘》一书到我研究开发的以"增长机遇、增长目标和增长路径"为主题的战略工作坊，我一直专注于打磨战略之剑，希望能帮助更多的中国企业解决战略设计、战略执行和业务增长等经营难题，并由衷地期盼中国企业能够凭借战略上的智力和能力取得全球领先地位。

放下各项工作，躲到波士顿附近的韦尔斯利小镇写书，是创业10年来最美好的一段心路历程：这是陪伴父母、妻子和女儿时间最长的一段时光，每天都和他们在一起，让我体会到工作和生活的平衡之美。我的宝贝女儿王舒漾，还不到6岁，从香港转学到波士顿，她毫不畏惧并快速融入，她的学习敏锐度恰恰是我学习的榜样。

写作疲惫时，看看窗外的风景，悠然的白云徜徉在湛蓝的天空中，高高低低、远远近近、或浓或淡的树叶五彩斑斓。波士顿的秋天让人心醉，"碧云天，黄叶地，秋色连波，波上寒烟翠"的意境恰入眼帘。当整个身心都沉浸在这大自然的景色之中，我总是一次次地陶醉，但很快又一次次地被波士顿的秋风吹醒，让我清醒得有些懊丧。这是别人的国家、别人的城市，难以名状的惆怅也会一次次涌上心头。不过，对于中国凭什么追赶美国，我已经有了清晰而坚定的答案。

王成

于波士顿韦尔斯利

穿越未来的战略罗盘

我不想再浪费笔墨去论述战略有多重要了。没有战略的企业就是灵魂上的"流浪汉",生意人和企业家的区别就在于"战略"二字。战略是由企业家的远见雄心和外部环境的趋势演变而激发的,如果企业暂时还没有做到第一,只有通过战略才能找到合适的方式成为第一。清晰的好战略能让整个组织做到"力出一孔"。然而,在充满巨变的时代,很多人认为战略已经没有必要了,不过华为的创始人任正非曾告诫我们:在大机会时代,千万不要机会主义,要有战略耐性。

在一定程度上,很多企业的问题并不是不重视战略,而是将"战略"一词滥用了。战略一词的风靡大大降低了大家的战略思考能力!很多经理人对战略的错误理解要远远多于对战略的正确理解。因此,一些CEO和事业部总经理们都在处心积虑地为公司的长远发展制定"坏战略"。

为什么会出现这种情况呢？我想这与很多经理人缺乏系统的战略学习有关。很多高级经理人都是从技术岗位、销售岗位或者生产岗位一步步提拔上来的，他们往往是技术专家、销售专家或生产专家，却并不是战略专家。他们没有深刻的战略管理实践经验，也没有系统学习过战略领域的专业知识。这很容易导致他们走入一个非常大的误区：把所熟悉的局部的专业工作视为全局的战略，以运营思维逐渐替代战略思维，以运营上的勤奋掩盖战略上的懒惰！

当然，也有人认为自己或企业受到了战略的"伤害"，比如，战略赶不上变化，战略无法落地，战略预判和未来实际差距太大等。马克·吐温有一句名言："对你造成伤害的并不是你不理解的东西，而是你所理解的东西并不像你所了解的那样。"战略也是如此。"战略罗盘"的目的就是让大家回到"战略"本源上，对战略进行全面而深入的阐释。当这一入口被彻底打通后，战略上的诸多问题就豁然开朗了。

战略就是以持续拥有精彩未来为目的，而对未来开展的探索旅程。在这个探索旅程中，高管层需要确保整个组织奔跑在正确的航向和航路上。在目前充满剧变的经营环境中，无论是身处竞争的红海还是蓝海，每个人都非常容易迷失方向，容易变成没有战略的"流浪汉"。

为了避免在战略旅程中迷失，我希望每一位经理人都能配备一个强大的装备——战略罗盘。

有战略：用一句话说清企业战略

你能用一句话说清公司的战略吗？这是商界的一个小秘密，大多数企业的高管层都无法用一句话讲清楚自己公司的战略。哈佛商学院大卫·科里斯教授研究发现，如果你不能用一句话说清公司的战略，往往意味着你的战略还不够清晰明确，战略实施后很可能会以失败告终。更糟糕的是，这也很可能表示你的企业从未有过战略。

如果公司没有清晰明确的战略，你可能连公司的情况都无法介绍清楚。万科董事长王石给我们分享了他曾面临的一个挑战。在国外接受采访或者做演讲的时候，他总会被要求"介绍一下万科"。在十几年前，王石实在无法在 10 分钟内介绍清楚万科的业务：从怡宝纯净水、扬声器厂到万佳百货、房地产、进出口业务等等，没有谁能简单明了地讲清楚这家公司在业务发展上的战略逻辑。

王石讲过："一个企业成熟与否，实际上可以通过介绍时间的长短来判断。这有点类似女士们的裙子效应，裙子越短，越引人注意。"他给出的建议是，最好能够在 60 秒之内介绍完毕你的公司。关于战略，我的建议也是最好能够在 60 秒之内用一句话说清楚、讲明白。

如何能够在 60 秒钟内用一句话说清公司的战略？这就需要你深入思考并回到 3 个基本战略命题：我是谁，到哪去，如何去。这三个问题想清楚了，就标志着公司开始有哲学思想。没有哲学思想就是没有思想境界，没有思想境界的公司一定不可能有远大前程。如果你的公司没有战略，那你只是在"做生意"而已。

几乎所有高瞻远瞩的战略成就，都以某种哲学作为深厚的底蕴，不然其事业就没有任何承载。戴高乐讲："在亚历山大的行动里，我们能够发现亚里士多德；在拿破仑的行动里，我们可以发现卢梭和狄德罗的哲学。"从万科王石的战略历程中，我们可以发现美国清教徒构建"山顶之城"①的哲学。从华为任正非的战略历程中，我们可以看到毛泽东的战略哲学，并交织着德鲁克的思想。

2012 年 3 月，任正非以饱满的热情写下了《一江春水向东流》。在这篇文章中，他回忆了 1997 年前后的华为，他写道："到1997 年后，公司内部的思想混乱，主义林立，各路诸侯都显示出他们的实力，公司往何处去，不得要领。"最后，华为经过几翻讨论，在公司创立 10 周年之际出台了《华为基本法》。自此，华为上下统一了"我是谁，去哪里，如何去"等基本战略问题。

《华为基本法》的第一条就用一句话清晰概括了华为的战略："华为的追求是在电子信息领域实现顾客的梦想（去哪里）。为了使华为成为世界一流的设备供应商（我是谁／去哪里），我们将永不进入信息服务业（用'我不是谁'来更加清晰地回答'我是

---

① 1611 年，清教徒牧师约翰·温索洛普在横渡大西洋时发表了移民新大陆宣言，他说："这次目的就是与神去默契地完成建立'山顶之城'的使命。"山顶之城意味着自由、正直、勤奋、真理和不作恶，被誉为推动美国繁荣的伟大精神力量。

谁'）。我们是以优异的产品、可靠的质量、优越的终生效能费用比和有效的服务，满足顾客日益增长的需要（如何去）。"

遗憾的是，很多企业都错误地理解了《华为基本法》，简单粗暴地把它归入到了企业文化范畴。大家都在学习华为编制的所谓"企业文化手册"，这是一种非常肤浅的学习，并没有从根本上解决公司的"战略清晰化和战略统一性"问题。这在参与《华为基本法》起草的吴春波教授看来，"只是一次机会主义的、选择性的和赶时髦的群体无意识式的关注"。

2013年，任正非再次写下雄文《力出一孔、利出一孔》。从中我们可以看出《华为基本法》的战略意义及其组织意义："水，一旦在高压下从一个小孔中喷出来，就可以用于切割钢板，可见力出一孔其威力。"

"力出一孔"就是要把华为所有的资源都聚焦在战略上，可见将战略清晰化并在内部形成战略统一性的重大意义。有了清晰的战略，才能有伟大的组织。战略决定组织，组织跟随战略。就像德鲁克说的，组织中所有人的意志、行为都必须指向一个战略结果。

有人也许会讲，战略太复杂了，不可能一句话就概括清楚，我们请一家战略咨询公司给我们写了180页的战略规划PPT。我的建议是，如果有战略咨询公司交给你这么厚的战略规划报告，你应该把这份报告扔到垃圾桶里。他们收了你那么多的战略咨询费，实在不好意思给你一份薄薄的报告，只好堆砌大量的PPT来让报告看起来很值钱。

深刻的必然是简单的，简单的才是思想。180页的战略规划PPT，里面几乎都是数据和信息，你也许找不到一丝战略思想。战略若太复杂，必然失败！战略的力量不在于复杂，而在于简单，你需要用一句话概括公司的战略，回答"我是谁，去哪里，如何去"的问题。不管你是企业家、创业者还是事业部总经理，你都需要做到让组织"有战略"。

有了战略，就如联想创始人柳传志所讲的那样，一个团队就会从"懵着打"升级到"瞄着打"。认准了方向，就不怕路难；找对了路，就不怕路远。卓越的战略领导者需要把人们带往正确的航向，以简单有力的战略哲学唤醒人们的理想主义，感动他们的心，激发他们前行。

好战略：你企业的战略是"坏战略"吗？

没有哪家企业会主动承认自己没有战略，所有的企业几乎都会异口同声地说自己"有战略"。如果你再进一步追问，他们也许会道出一些实情，比如，"我们有战略，但是我们的战略还不够细化、清晰"，"我们有战略，但是我们的战略执行得不好"，"我们有战略，但是我们的战略还不够全面"，等等。

他们道出的实情也许是对的，但是大多数情况下，"我们有战略"这个认知才是最大的伪命题！"我们有战略"往往有的不过是一个"坏战略"而已，并不是一个"好战略"。

很多企业所谓的战略往往只是一份战略规划报告。遗憾的是，很多战略规划报告不过是一篇没有任何战略规划思想的"八股文"而已，空洞的言论和陈词滥调充斥其中。这样的八股文有用吗？没有。有的时候往往还是有害的，因为这样的八股文经常是违背战略本质的。八股文输出的经常是同质化的战略，而战略的本质却是创造差异化。

我曾经看过世界知名战略咨询公司为3家中国公司所作的战略规划报告。除了经营数据和行业分析有所差别之外，在涉及战略核心内容的时候，却没有任何差别：战略目标几乎都是"成为世界一流或者行业一流的公司"，经营理念无非就是"创造卓越、积极创新"等类似词汇，重合度非常高，缺乏个性。

战略中最严重的错误是与竞争对手在同一维度上竞争，就像大家都在同一场比赛中竞争，赢家只有一个。腾讯微博对抗新浪微博并没有取得胜利，因为"能够战胜微博的，一定不是另外一个微博"！马化腾在参加2016清华管理全球论坛时反思了当时腾讯微博的战略，他讲到"同样的产品是没有办法战胜对手的，你只有做一个完全不一样的东西才可能解决这个问题"。后来的事实是，对抗新浪微博的不是腾讯微博，而是腾讯微信。

一些企业说他们"有战略"，其实他们有的仅仅是一个"愿景"或者"经营目标"。"坏战略"提出大量的目标，而没有谈到实际的政策和行动。他们甚至认为只要有激情和勇气就能够达成战略目标，这多少有点像"成功学"的味道，最后这些战略愿景只能沦为口号式的标语，刷在墙上，供人瞻仰。

"好战略"让我们能够做到《孙子兵法》所言的"先胜"和

"易胜"。"将帅无能，累死三军"，讲的就是将帅们制定了"坏战略"，需要消耗很多资源才能获得微小的胜利，是"难胜"甚至是"完败"。

因此，战略不仅要回答"我是谁，到哪去，如何去"，还要回答"在哪竞争"和"如何制胜"。作为战略家，你不仅要有计划，更要有计谋。战略是一场关于智力的角逐！战略的定义可以非常简约：战略 = 战 + 略。"战"就是决定"在哪竞争"，"略"就是决定"如何制胜"。这两个维度交叉在一起，共同决定了一个组织的战略定位。在军事上，战略的定义就是针对敌人确立最具优势的位置，故称为"定位"。

战略不是一堆分析技术，也不是所谓的艺术，战略就是一种智慧！富有智慧的"好战略"不仅能够发挥优势，也能够将劣势转换为优势。当把王老吉的定位从传统的"饮料"转换为"凉茶"时，它在口味上的劣势一下子成了优势，价格偏高的难题也迎刃而解：作为预防上火的凉茶，王老吉 3.5 元的零售价也贵得有了道理。

当然，最好的定位是"首位"。苹果手机为什么赚取了整个手机行业近 80% 的利润，因为它成了智能手机"第一"的代表。抵达了如此境界，你就会有"会当凌绝顶，一览众山小"的从容和淡定。"好战略"就是要你远离竞争。

"好战略"不应该仅仅"以行业为基础"，还应该"以生态为基础"。汽车是什么行业？整整一个世纪，我们都将汽车定义为机械制造行业。从谷歌无人驾驶到特斯拉电动汽车，我们需要重新定义传统的汽车行业。谷歌的 WAYMO[①] 汽车公司不是以生产 20 世纪最好的汽车为目标，他们的使命是通过无人驾驶，"开辟汽车新的行驶方式"。吉利汽车创始人李书福在 2017 年 6 月收购了硅谷飞行汽车公司 Terrafugia，该公司的使命是"开辟空路时代"。在 Terrafugia 公司看来，汽车的本质是另一种飞行器。

　　竞争不再是一个公司与另一个公司之间的对抗，更多的是一个生态圈和另一个生态圈之间的竞争。传统出租车公司的战略和运营基因能孕育出一个像"滴滴打车"这样的新物种吗？如果你是一家汽车出租公司的负责人，面对滴滴打车和优步，你会如何进行战略反击？也许更多的是无奈！类似这样的境地，我称之为"习得性无助"：陷入困境，失去希望，即使知道如何行动，也无法行动！很多企业面对强大的竞争对手时，都有这样的无奈！

　　重新定义行业，重新定义竞争，重新定义产品……在新技术和新商业模式推动下的变革大潮中，制定好战略的能力更是弥足珍贵。新时代为新进入者、挑战者提供了弯道超车的机遇，为进攻提供了超级助推力！历史，总是后来者居上！

实战略：你的战略"虚"不"虚"？

　　虽然你"有战略"，而且还是一个"好战略"，但你依然可能会遭遇战略溃败。"好战略"常有，"好企业"却不多见！这是因为，

---

　　① 谷歌旗下的自动驾驶公司。——编者注

从好战略到好企业还有一个重要的桥梁，就是资源配置和组织能力。你的战略不能太虚，要扎扎实实。有资源配置和组织能力支撑的战略才能落地。战略从起点上决定了资源配置，资源配置在实施过程中也决定了战略。很多战略是由上百个资源配置决策塑造出来的。

我常常看到很多企业搞"战略务虚会"，但很少听说大家开"战略务实会"，给人的感觉是，战略就是务虚的！战略上不断务虚的结果就是，产生一大堆正确的废话、故作高深的空洞理念和支离破碎的行动清单。为了掩盖战略思想的缺失，有的企业偶尔也会使用当今流行的术语，如全面客户体验、大数据、人工智能等，但还是难以掩藏战略上的肤浅。

鲁梅尔特教授为我们举了一个生动的案例，他曾看到过一家银行的战略规划报告，这家银行的战略目标是"成为以客户为中心的金融枢纽"。"金融枢纽"意味着该银行可以接受存款，然后再把这些钱贷出去；"以客户为中心"是个时髦词，但是仔细研究后发现，这个时髦词并没有任何资源和能力上的支撑。删掉这些浮华的修饰语后，你就会发现，该银行的战略目标就是"成为一家银行"。

在一个战略咨询项目中，我和一家航空公司的董事长进行过一次艰难的对话。该公司的发展战略是"坚持差异化发展战略"，董事长非常喜欢这句话，可是我一点儿都不喜欢，多么言之无物的一句空话！发展战略应该回答的是在什么地方做到什么样的差异化。

"虚战略"自然无法执行，对执行战略的人也不会有任何指导作用！第一次鸦片战争注定是要失败的，因为开战前，整个广州都在说："皇上要和洋人开战了！"这句话细细琢磨，内涵极其丰富。很多企业的战略也是如此，它往往只是董事长一个人的战略。一个神奇的组织行为学定律就是：公司的战略重点往往不是经理人经营的重点。正如英特尔创始人格鲁夫所说，"如果你要了解一家公司的战略，要看他们实际做了什么，别光听他们说了什么"。

很多企业在战略落地的过程中都忽视了组织结构的调整。实际上，战略一旦经过调整并确定下来，第一要务就是调整组织结构！市场空间是企业长大的极限，组织模式是企业成长的天花板。组织惰性往往大于战略惰性，战略调整相对容易，组织调整却极其艰难。所以，很多企业的战略无法落地，核心原因往往就是没有及时调整组织，或者没有能力挑战组织的既得利益结构。

2006年，我前往碧桂园帮助该公司制定上市前的战略规划。当时我们提出了碧桂园"十百千"战略，即坚持郊区大盘模式，定位为新城镇创建者，十年百盘千亿。很快，2013年，碧桂园提前3年实现了营业收入突破1000亿的战略目标。

战略引领，人才驱动！碧桂园创始人杨国强越来越认识到，一个真正卓越的公司，不是单一的产品公司，也不是单一的服务公司，而是一个真正的人才公司。他越来越坚信"得人才者得天下"。于是公司开始推动"未来领袖计划"和"事业合伙人"激励机制。碧桂园2016年的上半年报显示，公司共有319个项目引入了合伙人制度，采取了项目跟投。这些别具一格的人才管理体系开始成为碧桂园的核心竞争力，助推碧桂园成为"超级竞争者"。

类似阿里巴巴、亚马逊和碧桂园等超级竞争者，可以在各个领域实现"降维攻击"。在超级竞争者的战略格言中，最有效、最容易执行的战略就是"杀鸡用牛刀"！

战略不在于务虚，而在于求实；战略不在于分解，而在于综合。这是战略的原则和精髓。形成护城河的核心竞争力指的不是个人能力，而是一个组织所发挥的整体战斗力。最终不同公司之间比拼的不是人才的数量，也不是人才的质量，而是人才的管理体系。正如任正非所言，人才不是企业的核心竞争力，人才管理体系才是企业的核心竞争力。

快战略：你的战略是"快战略"还是"慢战略"？

钱锺书先生在《围城》一书中狠狠地调侃了一把以三闾大学校长高松年为代表的"老科学家"："这'老'字的位置非常为难，可以形容科学，也可以形容科学家。不幸的是，科学家跟科学不大相同。科学家像酒，愈老愈可贵，而科学像女人，老了便不值钱。"现在，对于具有核心竞争力的大型公司而言，这个"老"字更容易上身，因为这个时代变化的频率在不断加快。

与牛顿科学观主导的工业时代不同，现在已经是量子科学观主导的智能时代。未来具有不确定性，黑天鹅经常在咖啡杯

中飞起 ①。

移动互联网、物联网、新能源、无人驾驶、共享经济、大数据、云计算、基因编辑、人工智能……新技术、新商业模式、新物种层出不穷，颠覆式创新和"跨界打劫"已经成为竞争常态，过往的成功法则和核心能力迅速沦为僵化思维和核心阻力。

这些僵化思维和核心阻力，让很多企业丧失了学习的敏锐度，他们的战略成了像恐龙一样反应迟钝、行动迟缓的"慢战略"！管理大师德鲁克说过，在动荡的时代，动荡本身不可怕，可怕的是延续过去的逻辑。

战略为什么就快不起来呢？为何很多企业的战略都是"醒得早、起得晚"？著名经济学家熊彼特在其《经济增长理论》一书中对此做出了深刻的回答："一切知识和习惯一旦被获得以后，就牢固地根植于我们心中，就像一条铁路的路基根植于地面一样……我们感到极其难以接受一个新的科学观点或方法。思想一而再，再而三地回到习惯的轨道，尽管习惯的轨道已经变得不适合……已经变成了一种障碍物，阻碍处于萌芽状态的规划或设想。"

越来越多的企业认识到战略规划的核心任务不是输入一份战略规划报告，而是要重塑企业决策者的心智模式，加速整个组织的认知升级！企业家的认知边界才是企业真正的边界。

在快战略中，时间是最为稀有的资源，浪费时间比浪费金钱更为浪费！因为金钱可以重获，而时间永不可逆。腾讯微信的

---

① "黑天鹅"意指难以预测且不寻常的事件。《黑天鹅在咖啡杯中飞起》一书由 21 位管理权威联合著成，讲的是中国管理和中国企业。——编者注

"指数化增长"就是快战略的典范。

微信快到什么程度？第一年发布了 15 个版本，不到两年用户数就突破 1 亿！吴晓波在《腾讯传》中这样评论微信："从 2011 年 1 月 21 日微信上线，到 2014 年 1 月 24 日的抢红包引爆，这 3 年是属于微信的'创世纪'时间，它的光芒掩盖了互联网领域里其他的一切创新！"腾讯以速度、灵活度、冗余度的快战略方法论，对抗了战略惰性、能力惰性和人员惰性！

在"快战略"的词典里，没有一出场就完美的成功，成功需要快速迭代，甚至快速调整方向。"快战略"指的是，你不是在和过去的你比速度，你也不一定要跑得过外部市场，但你一定要跑得比竞争对手更快！腾讯体量巨大，同时拥有规模、速度和灵活度，这就是快战略驱动的敏捷组织。互联网生态瞬息万变，应变能力非常重要，主动变化能力最为重要。如果主动变化能力超强，那么这种敏捷可以称为"智能敏捷"！

如何克服三大惰性，进入到"快战略"的境界，让公司既具有重要战略地位的同时又保持高度的敏捷性，像通用汽车公司和腾讯那样，赋予大公司以"小公司的灵魂和速度"。我的建议是采取以下几种方法。

（1）把你心中的战略区分为三类，事前规划的战略、事后总结的战略，以及处于这两者之间的自发涌现的战略。事前规划的战略并不能完全预知未来的变化，因为在执行过程中需要保持开放的心态，鼓励依据变化创新而自发涌现的战略，在审慎规划、临时应变、鼓励创新之间保持平衡。深入研究微信这一款产品，你就会发现，这是腾讯内部"自发涌现的战略"，还险些在内部被扼杀掉。腾讯总部及马化腾并没有对微信进行过严肃科学的事前规划，即使是"微信之父"张小龙在这之前也没有对微信进行准确的定义。

（2）基于此，你需要重塑公司的战略管理流程。传统的战略管理流程已经无法应对当下的竞争环境，因其太过于"自上而下"。传统战略管理的核心任务就是定目标、下任务、做考核等，这不过是一个升级版的"目标管理"而已，恨不得把战略管理全部细化成严格而漫长的流程制度，让战略成为"慢战略"。真正的战略往往是"自下而上"的，在变化和创新中往往涌现出很多好战略。我深信未来战略规划部门的主要职责就是把战略管理和创新管理完美地集成在一起。作为"战略家"，有时候你是战略"总设计师"，有时候你要做好战略"总许可师"。正如邓小平，他"许可"了安徽凤阳的家庭联产承包责任制，同时他也"设计"出了深圳特区。

（3）在组织内部推动"精益创业"。这已经是硅谷流行的范式，在小米手机上也有生动的展现。你需要放弃传统"零缺陷"的管理方法，在公司内部鼓励"不完美、有缺陷"的想法或产品。先在市场中投入一个不完美的原型产品，然后通过不断地学习，了解用户/粉丝的反馈建议，对产品进行快速迭代优化。以速度替代完美，在快速进化中实现完美。基于此，好的战略往往不是规划出来的，而是进化出来的。未来战略管理的重心不是在"设计规划"上，而是在"加速进化"上。

（4）遵循"5%原则"。原瑞士洛桑国际管理学院韦尔斯教授提出了一个"5%原则"：企业 CEO 每天应该用 5% 的时间思考战略。公司高管团队每个月都要留出 1 天的时间来回顾和思考战略。这种方式固然成本高昂，但是管理层最重要的任务就是"围绕战略进行集体学习"。当然这种集体学习不是简单的读书看报，而是要深入探寻我们的心智模式：我们对行业 / 客户的哪些假设是错误的，我们存在哪些视觉盲区和战略盲点，我们肯定和否认了哪些未来的趋势？很多公司尚未采纳"5%原则"，往往只有在重大危机之时才会反思战略问题，这使他们常常错失了最好的战略变革机会。

本书框架：战略罗盘的四大视角

四大战略问题的拷问，其实也就是我们看待战略的四大视角，不同的视角往往会看到战略的不同方面。

正如战略罗盘模型横轴所表示的那样（见图 0–2），有的人谈到战略更关注"外部适应性"。他们关注产业终局，关注如何从未来终局看现在布局。他们也关注未来的趋势变化，以及如何快速适应外部变化，甚至是引领这种变化。而有的人更关注"内部稳定性"，即在产业结构中维持一个相对均衡的战略定位。他们不为短期行业波动和竞争对手变化所干扰和牵引。他们偏好围绕核心竞争力进行持续不断的积淀，以及开展对应的资源配置和人才储备。

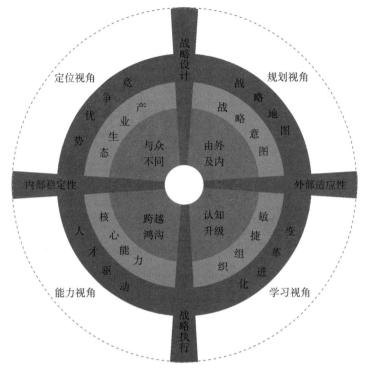

图 0-2　战略罗盘模型全图

　　战略管理还往往涉及两个重要议题：战略设计和战略执行。这两个议题非常容易理解，表现在战略罗盘模型的纵轴上。很多企业都非常头疼"战略执行"的问题！大多调研都在证明战略执行的效果有多么差。有人将战略执行差归罪于员工没有能力，有人将战略执行差归罪于战略设计得不好。我曾在一次战略咨询访谈中遇到过这样一件事情，生产管理部的老总抱怨战略规划部的老总："战略规划部总抱怨我们战略执行能力差，我认为是他们战略设计能力差，如果有本事，为何不制定一个我们能够执行得好的战略呢？"

基于这两个坐标轴，我们可以形成四大象限，这四大象限代表了战略罗盘的不同方位，也就是我们观察战略和思考战略的 4 个不同的视角：规划视角、定位视角、能力视角和学习视角。这四大视角几乎涵盖了战略的全部核心问题。

- 规划视角象限，主要解决"如何制定业务发展的战略目标"和"如何管理业务战略的执行过程"。这个视角的主要目的是让公司"有战略"。这是本书第 1 章到第 3 章的主要内容。

- 定位视角象限，主要解决"如何和竞争对手在战略上形成差异"和"为目标顾客创造什么样的价值"。这个视角的主要目的是让公司有"好战略"。这是本书第 4 章到第 6 章的主要内容。

- 能力视角象限，主要解决"如何围绕战略目标有效配置资源"和"如何提升组织能力支撑战略落地"。这个视角的主要目的是让公司有"实战略"。这是本书第 7 章到第 9 章的主要内容。

- 学习视角象限，主要解决"如何识别、重塑管理者的心智模式"和"如何在快速变化的环境中进化战略"。这个视角的主要目的是让公司有"快战略"。这是本书第 10 章到第 12 章的主要内容。

到底我应该选择哪个视角来制定战略呢？你没有选择，你只能把这 4 个视角全部组合在一起！我的研究表明，在战略领域，目前迫切需要强力组合，当一个 CEO 能够将四大视角合于一身，强力组合效应就发生了，他的战略领导力将得到大幅提升！

这四大战略视角，不是相互替代的关系，而是相互补充的关系，你不能舍弃任何一个视角。我们看战略必须同时从这 4 个角度去审视，缺乏哪一个视角都不行，缺少任何一个视角都可能导致战略性的致命失误。

- 战略流浪汉。如果没有规划视角，企业可能会变成"战略上的流浪汉"，无法回答"我是谁"、"到哪去"和"如何去"等问题，没有战略的组织将无法让员工对未来充满希望，整个组织也会没有希望。
- 战略东施。如果缺乏定位视角，企业则会变成战略上的"东施"，会不停地去模仿竞争对手。即使企业有战略，有的也只是一个"坏战略"，无法创造差异化，从而陷入战略上的被动局面。
- 战略墙头草。如果没有能力视角，企业就有可能变成"战略上的墙头草"，头重脚轻根基浅。没有核心竞争力沉淀的组织犹如浮萍，企业战略无法落地生根，变成"虚战略"。
- 战略恐龙。如果缺乏学习视角，企业则容易变成"战略上的恐龙"，对外部变化反应迟钝，充满了太多的惰性，不能创造出"快战略"，只能在快速变化的环境中唱挽歌。

战略大师明兹伯格从另一个角度阐释了这 4 个视角组合在一起的必要性。他尖锐地指出，很多经理人对战略的认识就如同盲人摸象，没有人具有审视整个大象的眼光。战略本身就是处理全局性的问题，如果对"战略"本身的理解是片面的，那么你就是在"盲人摸象"。

在快速变化的年代，我们也会发现战略设计和战略执行已经不能像过去那样泾渭分明。战略执行的过程中充满了无数的"战略再设计"，单靠学习和掌握战略执行已经无法提升公司的执行力，战略执行者和战略设计者都需要管理"自发涌现的战略"，思想和行动必须紧密联系在一起才能快速前行。

同样，企业内部稳定性和外部适应性之间也无法找到"楚河汉界"。在小米手机快速成长的过程中，你会发现原来处于外部的客户，竟然也能如此深度地介入小米的内部。小米手机的设计和应用开发竟然都是在粉丝的深度介入和指引下进行的。

很多企业家都在向杰克·韦尔奇学习，有的企业非常推崇他的一句名言："我们发现通过谋求似乎难以企及的目标，很多不可能的事情往往会变成现实。"（这是规划视角的观点。）这句话激励着很多企业勇敢地进入新的业务领域。结果，他们由于扩张过快而迅速陷入了战略泥潭。

因为，他们忘记了杰克·韦尔奇的另外一句话，"如果你不具备竞争优势，就不要去竞争"。（这是定位视角的观点。）显然，杰克·韦尔奇具有一流的战略智商，正如罗杰·马丁将"头脑中同时存在两个相互矛盾的想法而继续思考，并迅速行动的能力"定义为"一流智商"。

马化腾和宁高宁的战略罗盘

中化集团董事长宁高宁就是一位具有一流战略智商的战略家，他在《战略的根本是思维方式》一文中，系统论述了战略罗盘四大视角所需要的战略思维。

- 规划视角：战略思维应该是前瞻性的，对行业、趋势、经济环境有深刻认识，是主动调整的过程，而不是仅看到眼前的、被动的应付过程；战略思维应该是一切从客户需求出发的过程，满足需求、创造需求，市场、业绩是最后的裁判，而不仅仅是自己想做什么的供给方思维。

- 定位视角：战略思维应该是行业或产业积累成长的过程，建立在适应市场的商业模式之上，可增长、可复制，可以形成产业或行业地位和竞争能力，而不是投机性的随机生意。

- 能力视角：战略思维更是审视和提升自身能力、发挥自身能力和团队能力的过程，是团队集体共同进步的过程。

- 学习视角：战略思维应该是创新、创造的过程，是跳出老圈子，创造新的商业模式和产品，组织别人的资源达成自身战略目标的过程，而不是只凭习惯和传统方法工作。战略思维也是充分认识风险和困难的过程，是艰苦卓绝的奋斗和不断调整、优化的过程，而不能盲目乐观、随易动摇。

马化腾亦是如此，他不仅仅是一位优秀的互联网产品经理，更是一位卓越的战略家，他的战略思想的深度和广度在互联网领域鲜有匹敌，他的战略思想也系统地展示了整合、平衡的"战略罗盘"。

- 规划视角：行业往移动互联网方面走，这是大趋势，我们要因势而变，我们要不断从内部组织架构、产品关注度，从过去电脑、手机相对分隔的状况走向统一。用户需求是产品核心，在研究过程中，腾讯形成了一个"10/100/1000法则"：产品经理每个月必须做10个用户调查，关注100个用户博客，收集反馈1000个用户体验。这个方法看起来有些笨，但很管用。

- 定位视角：一个好的生态系统必然是不同物种有不同分工，最后形成配合，而不是所有物种都朝一个方向进化。在这种新的思路下，互联网的很多恶性竞争都可以转向协作型创新。拓展新的业务范畴是每个企业成长过程中都必须面对的，每个企业总会有一套思考方式，用以衡量进入新领域的得失。我们归纳得比较简约，只有三个问题。第一，新的领域是不是我们所擅长的？第二，如果我们不做，用户会蒙受什么样的损失？第三，如果做了，我们在这个新的领域中具有怎样的竞争优势？

- 能力视角：有些业务做得不是太好，回头看不是钱的问题，不是资金或资源没有给够，关键还是团队精神。尤其是带团队的将帅相当重要，有时真的会有将帅无能、累死三军的感觉。我们看到在传统行业会有向资金密集型方向扭转的机会，但在移动互联网行业基本不太可能，因为这个市场不是拼钱，也不是拼流量，更多的是拼团队。团队有没有使命感，有没有紧迫感，有没有很好的办法去解决问题？

　　•学习视角：在移动互联网时代，一个企业看似牢不可破，其实时时有危机，稍微把握不住趋势，就会非常危险，之前积累的东西很可能会灰飞烟灭。在互联网时代，谁也不比谁傻。你的对手会很快醒过来，很快赶上来。他们甚至会比你做得更好，你的安全边界随时有可能被他们突破。我的建议就是"小步快跑，快速迭代"。

　　通过战略罗盘的导向系统，我也非常希望更多的战略领导者能够具备一流的战略智商，在迈向未来的战略旅程中，能够创造出更多精彩的未来。

第一模块

规划视角：将战略意图
转化为战略地图

第1章
由外及内的战略思维

> 穿越战略转折点为企业设下的死亡之谷,是一个企业必须历经的最大磨难。
>
> ——英特尔创始人 格鲁夫
>
> 在每个系统探索中都存在第一性原理。
>
> ——哲学家 亚里士多德

走出死亡之谷:腾讯的战略转折点

现在谈腾讯有多么成功,没有任何意义。唯有回顾腾讯的过去,看看在过往的时空中,腾讯在战略方面到底做了什么。但仅仅如此,还远远不够,因为我们已经无法复制这些战略行动!

我们需要更深入地探寻,当初的腾讯这样做的"战略思维和战略逻辑"是什么?正如巴菲特的搭档芒格先生所言,人们只有发现了发明的方法之后才能快速发展!

现在，就让我们把时光镜头拉到 2005 年，那时候腾讯一年的营业收入是多少呢？仅仅 14 亿人民币！

2005 年的腾讯正面临着创业以来最大的一次危机！当时，腾讯想成为虚拟电信运营商的战略道路被堵死，同时赖以生存的无线增值业务也正在被中国移动清理。利润渠道逐渐缩小，并且被切断的可能性极大。

这一年是腾讯发展史上非常重要的"战略转折点"。

战略转折点是英特尔创始人格鲁夫最重要的战略思维。战略转折点就是"企业的根基在即将发生变化的那一时刻。这个变化有可能意味着企业有机会上升到新的高度，但同样有可能标示着企业没落的开端"。

企业和人生一样，往往不是赢在起点，而是赢在转折点上。很遗憾的是，很多企业没有赢在转折点，因为他们无法穿越战略旅程中的"死亡之谷"。

在两座烟雾弥漫的山头间，企业就像是必须同时攀登两座山巅的登山客，已经成功的企业，熟悉了一座山头，但却必须向另一座山头奔去，途中路标不明、新山之巅若隐若现，多久能到、如何能到皆无人能知。此时登山队伍往往就在双峰间的山谷中出现激烈的争执，有人要留守安逸与熟悉的旧地，有人偏要冒险向前，结果队伍分崩离析，双方最终都命丧"死亡之谷"。

穿越战略转折点为企业设下的死亡之谷，是一个企业必须历

经的最大磨难。要挣脱死亡之谷，企业一把手必须有超强的战略
领导力。战略领导者需要在高度不确定性的环境中做出艰难的战
略抉择，比如，要不要撤消过去最核心的业务？

未来的激情与现实的焦灼并存，清晰的预见与交织的噪音混
杂。作为一名战略领导者，你不能流露出犹豫迷茫和战略摇摆，
你必须以高远的战略思维和清晰的战略逻辑去对抗对未知之地的
恐惧和变革转型的阵痛。

马化腾深知这一点，他三顾茅庐，邀请到曾在高盛、麦肯锡
工作过的刘炽平加盟腾讯，协助腾讯走出死亡之谷，赢在战略转
折点！

2005 年春节过后，刘炽平正式到飞亚达大厦上班，担任腾讯
"首席战略官"。很快他就向马化腾提交了一份极为重要的文件，
一份左右腾讯未来命运的文件——《腾讯五年战略规划》。

有效的战略产生于严谨的思维中

就在刘炽平担任腾讯首席战略官不久后，2006 年 8 月，长江
商学院的战略学教授曾鸣也被马云请去，加盟阿里巴巴集团担任
集团"总参谋长"。

腾讯和阿里巴巴先后设立了"参谋部"，并配备了首席战略
官。开启这一先河的是通用汽车公司的阿尔弗雷德·斯隆。斯隆深
受德国军队"参谋本部制"的启发，早在 1937 年就在通用汽车总
部设置了"参谋机构"，分为"规划部"和"顾问部"两个部门。

斯隆在通用汽车完成了重大的战略调整和组织调整，让通用汽车超越了福特汽车。福特汽车不甘心从老大变成老二，也决定进行战略变革！其中最重要的举措就是雇用了从第二次世界大战退役的 10 名美国军官，这就是企业经营史上著名的"蓝血十杰"，其中就包括麦克纳马拉先生。1961 年离开福特后，麦克纳马拉重返军界担任美国国防部长。

麦克纳马拉非常不喜欢老福特的那句名言："不论顾客需要什么类型的车，我们只提供黑色 T 型车。"黑色 T 型车的确为福特公司创造了辉煌，但是时代已经变了，经历过战争的麦克纳马拉认为，战争需要"了解你的敌人，用敌人的立场思考问题"，"我们必须努力把自己放到他们的身体里，并且用他们的眼睛来观察我们"。

秉承这样的战略思维，1959 年，麦克纳马拉带领福特推出了一款新车"福特猎鹰"。这款新车体型很小、价格适中，与通用汽车的大型、昂贵的系列车型形成了彻底的差异化，因此大受欢迎。麦克纳马拉通过外部分析、内部分析，然后制定战略举措，有力地反击了通用汽车！

麦克纳马拉在福特大刀阔斧、推行战略重塑的同时，洛克希德公司的副总裁也在努力为洛克希德建立"战略规划体系"。他就是伊戈尔·安索夫，被誉为"企业战略管理的鼻祖"。安索夫的童年在海参崴度过，这让他对苏联的军事战略有着深刻的感悟，并对两个军事大国的战略较量有着直观的体会。

在洛克希德担任了几年副总裁后，安索夫去了卡内基梅隆大学担任战略学教授，他潜心研究诸如通用汽车和福特汽车之间的战略对抗案例，于 1965 年出版了《公司战略》这本名著。企业战略的研究和发展由此正式拉开了理论研究的序幕。

安索夫在这本书的开篇写道，企业既不能靠直觉发展战略，也不能以自然的方式实现战略。制定战略应当是一个受到控制的、有意识的、正规化的过程，该过程可以分解成几个主要的步骤。据此，"战略规划 5 步法"应运而生：开展外部分析（机会和威胁）、进行内部分析（优势和劣势）、确定战略目标、制定战略举措、推动战略执行。

"战略规划 5 步法"告诉我们：有效的战略产生于严谨的思维，战略的形成是一个深思熟虑的过程，必须有深入的分析、充分的理由才能采取战略行动。

"由外及内"还是"由内及外"？

有位战略学者做过一份调查，调查企业做战略规划时，到底是从哪一步开始的。结果完全出乎他的意料！他发现很多企业实际上是从"内部分析"和"销售任务"开始的，尽管表面上，很多企业也会象征性地搞一搞行业研究或客户调查！

如果是从"内部分析"开始，就回到了老福特关于"T 型车"的名言（不论顾客需要什么类型的车，但我们只提供黑色 T 型车）。如此就完全违背了麦克纳马拉和安索夫的思想结晶，他们希望战略规划要"由外及内"。

"由外以内"是极其重要的战略世界观！让我们来看一下郭思达用思维对可口可乐的战略重塑。郭思达在上任可口可乐的董事长之后，进行了内部访谈调研，发现可口可乐内部有两大阵营。

一大阵营是骄傲自豪派：可口可乐在全球的市场占有率达到35.9%，是世界第一，而且远远超过了百事可乐和七喜。另一大阵营却与之相反，他们悲观彷徨：可口可乐连续几年都达到了全球第一的市场占有率，但近几年的增长速度却在下降，我们已经看到了增长的天花板，华尔街的证券分析师们已经在为可口可乐唱挽歌了。

郭思达把可乐可乐高管层的所有人聚在一起开了一次战略研讨会，他做了一次5分钟左右的演讲，这段演讲被定义为商业史上最经典的一次演讲。演讲内容大概是这样的："走马上任两个星期，我访谈了很多经理，发现我们内部经理人分成了两大阵营。一大阵营骄傲和自豪，另一大阵营则悲观和失望。无论你们是骄傲和自豪，还是悲观和失望，你们都是基于一个共同的事实——我们的市场占有率全球第一，达到了35.9%。但是今天我要告诉各位的是，这个客观的基础，即市场占有率的数据，是完全错误的。"

在座的经理人都听傻了，说可能错误吗？我们每年都花很多钱请尼尔森公司做市场占有率数据的采集和分析，每年统计的数据都是非常正确的，怎么会是错误的呢？

这时候，郭思达接着说道："据我观察，每个人平均每天要消耗 64 盎司①的水，在这 64 盎司的水里面，可口可乐只占了 2 盎司。虽然我们的市场份额是 35.9%，但是我们占消费者的'肚子份额'只有 3.12% 而已。不要再认为我们的竞争空间在沃尔玛的货架上，在路边的杂货店里。我们的竞争空间在消费者的肚子里，我们要用'肚子份额思维'替代我们传统的'市场份额思维'。"

可口可乐每年都会做战略计划，传统的计划无非是思考"如何卖出去更多的可口可乐"。这样的战略计划无非就是一个"销售计划"，是"由内及外"的老旧思维。战略的起点是内部的可口可乐，而不是外部的客户。

郭思达重新定义了可口可乐和可口可乐的战略，可口可乐被无可限量的前景唤醒。于是，陷入增长困局的可口可乐踏上了新的快速增长之旅，开始从单一的可口可乐扩展到纯净水、咖啡、果汁、茶饮料、运动饮料等领域。

像郭思达这样具备战略思维的 CEO 并不多，大部分企业都不是真正的以外部为导向，而是以内部为导向。"由内而外"的企业，在战略转折点上是无法穿越死亡之谷的！其实，每一个行业都是一个增长性的行业，企业之所以不增长是因为我们的战略认知没有增长：没有疲软的行业市场，只有疲软的战略思想。

无论是柯达还是诺基亚，之所以从如日中天到陷入困境，就是因为他们的成就让他们变成了"内部导向"的组织，在战略转折点上陷入死亡之谷。

---

① 一盎司等于 28.3495 克。——编者注

在一定程度上，管理者的时间在哪里，公司的战略就在哪里。德鲁克在《卓有成效的管理者》一书中写道："一位管理者，如果不能有意识地努力去观察外部世界，则组织内部的事务必将蒙蔽他们，使他们看不见真正的现实……优秀公司的时间主要花在外部，即为客户创造价值上。"

战略的"第一性原理"是什么？

如果说，管理的起点是员工，投资的起点是股东，那么，战略的起点就是客户。我将其称为"战略的第一性原理"。正如中化集团董事长宁高宁所言，我们讲公司战略，怎么布局、怎么竞争、怎么定位，起点一定是从客户开始，起点不对或者不准，就会有问题。

第一性原理最早由古希腊哲学家亚里士多德提出："在每个系统探索中存在第一性原理，第一性原理是基本的命题和假设，不能被省略，也不能被违反。"

企业是为谁而存在的？有别于西方经济学和公司治理的学术答案，华为任正非给出了他的独到见解，为客户服务是华为存在的唯一理由，公司唯有走一条道路能生存下来——客户价值的最大化。企业不是因为有了满意的股东才得以存续，而是因为客户对企业提供的产品和服务感到满意并愿意为其付钱。因此，让企业的一切业务和管理都紧紧围绕"以客户为中心"运转，其重要意义再怎么强调也不过分！

战略"第一性原理"在亚马逊创始人贝佐斯身上体现得淋漓尽致。贝佐斯在一次演讲中曾讲到："人们经常问我：未来 10 年什么会被改变？我觉得这个问题很有意思，也很普通。从来没有人问我：未来 10 年，什么不会变？在零售业，我们知道客户想要低价，这一点未来 10 年不会变。他们想要更快捷的配送，他们想要更多的选择。"

贝佐斯把亚马逊定位为"地球上最以客户为中心的公司"，他将"拜客户教"贯彻到底："不要问我们擅长什么，而要问我们的消费者都是谁，他们都需要什么。之后，我们要找到满足他们需要的方法。"

像贝佐斯这样具备"由外及内"战略思维的人，往往不是以公司现有的资源和能力画地为牢、自我设限，而是立足于外部市场的机遇和客户的需求，能够洞察出本公司无限的战略潜力和增长机遇。

在贝佐斯"第一性原理"的引领下，亚马逊持续应用"增长机遇模型"（见图 1–1），从客户和需求出发，穷尽各种增长机遇。亚马逊从一个单一的在线图书销售公司，一步步扩展，使在售商品多达 23 万种，并开创出 Kindle（由亚马逊生产的一系列电子阅读器）这种革命性的产品，还超越现有领域，开拓全新领域，创立了 AWS 云计算服务公司。亚马逊还一度被认为是 Netflix（世界最大的在线影片租赁服务商）最强的竞争对手。

有人这样诠释亚马逊的经典标识：从 A 指向 Z 的箭头，象征着"包罗万象""一网打尽"。2017 年，亚马逊的市值突破 4700

亿美元，超过了美国五大传统零售商（塔吉特、好市多、沃尔玛、科尔士、梅西）的市值总和。

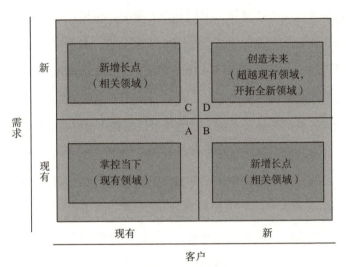

图 1-1 亚马逊应用的"增长机遇模型"

2017 年 6 月，亚马逊宣布收购全食超市，这次战略并购用一句话概括就是，"亚马逊在沃尔玛成为亚马逊前成了沃尔玛"。尽管如此，贝佐斯的战略宣言依然是："我们不是做零售的！"

智能互联网时代：生态圈中的顾客节点

我们不是做零售的！这句宣言让亚马逊不断突破业务边界和资源边界，不断打破零售业的传统行规和思维局限，一网打尽，一路向前！此时此刻，我们该如何回答这个问题：亚马逊处于什么行业？

传统的行业思维已经很难刻画当下诸多企业的战略逻辑！在战略新世界里，柯达和诺基亚都错误地定义了他们的行业，因为他们是以胶卷和手机为导向，而不是以客户为导向。

当企业用"我是做什么的"来定义自己的时候，就已经把自己给圈死了！在战略第一性原理下，要问"客户需要什么"，以及"为什么需要"！

互联网和物联网的突飞猛进，正在重塑着现有的行业版图。行业的边界正在日益模糊，全新的行业将会诞生，庞大而难以定义的"新物种"也会层出不穷。在互联互通的新世界，企业战略扩张的主逻辑是沿着"客户为什么需要"进行连接，紧紧围绕客户需求进行有机衍生，打造共生繁荣的生态系统。

传统制造公司更需要跨越"我是做什么的""我处于什么行业"这些旧思维，并以战略第一性原理来重新定义行业边界、重新定义公司产品！约翰迪尔公司就是一个值得学习的好榜样。

经过近二百年的发展历程，这家从生产"耕地用的钢犁"起步的公司，已经成长为智能互联时代的典范企业。约翰迪尔在其农业机械中安装了大量传感设备，用它们来获取农业机械在耕种过程中的各种实时数据，如开垦农田的深浅度、浇灌过程中的用水量等。约翰迪尔又将智能化的拖拉机、旋耕机和播种机连接到一起，让设备之间能够共享数据和协同对话，大大提升了农机设备的整体性能。

约翰迪尔还打造了在线社区平台 MyJohnDeere，实现了设备、操作者、专家及分销伙伴间的资源整合和信息共享，在灌溉系统领域与爱科集团进行合作，共享土壤营养信息、气象信息、农作物价格和期货市场信息。

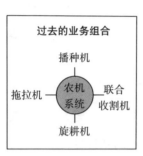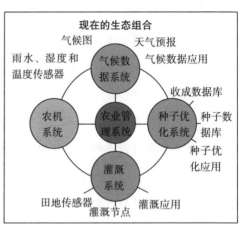

图1-2 约翰迪尔公司的业务模式

注：本图来源于哈佛商业评论于2014年11月发布的文章《物联网时代企业竞争战略》，作者迈克尔·波特。

现在我们已经无法把约翰迪尔定义为"一家农机设备制造商"，它以农场主客户为核心，衍生出了其他诸多新业务和新服务。通过为农场主提供全面解决方案，整个生态圈为农场主创造了更多价值。

更具威力的是，每一台农业设备都是生态网络中的"节点"，彼此数据共享。每一个农场主也是生态网络中的"节点"，他们彼此分享气候数据和农产品价格信息……网络价值发展遵循"梅特卡夫定律"：某一网络的价值与该联网的节点数（用户数）的平方成正比。约翰迪尔构建的整个生态圈将诸多大数据沉淀为公司最重要的资产和竞争"护城河"。

这其实也从侧面解释了特斯拉市值为什么这么高。2013 年，特斯拉刚推出 Model S 时，市值仅为福特市值的 7%。2017 年，它已经一举超越福特、通用、宝马、本田和日产，成为全球市值第四的大汽车制造商。但是，2016 年，特斯拉仅生产了 76 230 辆汽车，汽车产量仅是福特的 1%，通用的 0.76%。

传统汽车制造商卖出的每辆车都是一个"孤点"，而特斯拉的每辆车都是其网络经济效应中的一个"节点"。传统汽车制造商持续不断地追求规模经济效应，而特斯拉正在努力发展网络经济效应，以网络经济效应对抗规模经济效应。随着传统汽车制造商规模的不断扩大，规模经济效应开始递减，规模不经济的现象日益凸显！而特斯拉的网络经济效应才刚刚开始，并且没有上限，特斯拉卖得越多，节点数越大，与节点数量成正比的网络价值就越高，从而开启了其市值的指数级增长！

第2章
明确你的战略意图

> 纵观产业发展史，你就会发现，在过去 100 年崛起为全球领袖的公司，无一例外都是怀着与他们现有资源和能力不相称的远大抱负起步的。
>
> ——战略学家　加里·哈默尔
>
> 任何一项事业背后，必须存在着一种无形的精神力量。
>
> ——哲学家　马克斯·韦伯

从"柱形思维"升级到"饼形思维"

2005 年，我帮助中国一家领先的工程机械制公司定他们的"十一五战略规划"。很快，我的战略规划草稿就出来了。那时，我已经不喜欢"分析型的战略规划报告"，开始追求"洞见型的战略规划报告"。

我非常同意战略大师鲁梅尔特的观点。很多战略咨询公司为了提高项目效率，非常推崇模板式、分析型的战略规划报告。这在一定程度上已经演变成了某种PPT游戏，尽是历史数据的堆砌、不靠谱的预测、显而易见的最佳实践、一大堆分派任务的行动清单。要想在几百张PPT中找到一点具有决定意义的战略洞见，无疑是大海捞针。

带上我写的"洞见型的战略规划报告"，我开始了一场战略研讨会。当时这家企业的销售规模也就20多亿，在战略规划中我为他们提出了"2010年冲刺百亿"的战略意图。这个战略意图对于销售规模只有20多亿的企业来说，的确有点震撼。

分管销售的副总裁说100亿绝对不可能实现，过去的增长率让我们看不到实现这一目标的希望；分管财务的副总裁说这个目标太激进，以公司现有的资源无法支撑这个激进的目标，他对战略的建议一如他对财务工作的要求——以稳健为原则；分管研发的总工程师也站了起来，他希望看到更多关于100亿目标实现的可行性研究，他认为我们现在的分析还远远不够。

我一言不发，安静地聆听大家的发言。大家都讲完了，齐刷刷地盯着我，有些高管试图从我脸上找到尴尬的表情，毕竟战略规划报告被批驳得体无完肤，对于一位战略咨询顾问而言，无疑是一件非常没面子的事！

可是，我依旧泰然自若。接下来，我开始从战略理论讲起，讲了"向外看的战略"和"向内看的战略"。考虑到内容有些抽象，我就在大白板上画了两张图，一个是"柱形图"，一个是"饼形图"，从这两个图开始讲起。

很多经理人在思考战略的时候往往采取的是"柱形思维"，就像这张"柱形图"（见图 2–1）。我们在做图表时经常会用到这种图形，主要用于显示过去一段时间内的数据变化。

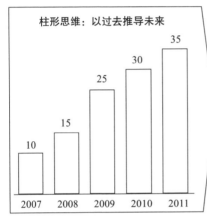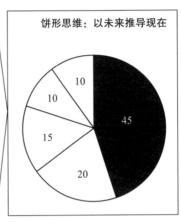

图 2–1　从柱形思维到饼形思维

在柱形思维模式下，"过去的业绩 + 现有的资源 = 未来的战略"。基于过去历史及现有资源推导出未来的战略计划，往往就等于销售计划和财务预算的简单相加。很多人对于这种错误的思考方式习以为常，或者说它在很多人的大脑中根深蒂固。

我们必须脱离与自己的过去相比较的窠臼，惯性地参照过去是人们给自己设置的最大障碍。战略就是要摆脱现有资源的限制，远大的战略抱负一定是与现有的资源和能力不对称的。我把这样的思考模式称为"饼形思维"（见图 2–1）。大家一定都看过各种各样的饼形图，他们的共同特征就是圆饼形状，我将这个圆饼称为"机会的宇宙"。

为什么叫机会的宇宙？因为宇宙非常大，机会是无限的，有限的只是人们的想象力和战略思维。拿一张 A4 纸，画上一个饼图，当你把自己企业已有的市场份额画上去的时候，你就会发现小小的一角衬托出一个巨大的市场空间。

从终局看布局，以未来推导现在

战略并不是"以过去推导未来"，战略要的是"以未来推导现在"。战略是面向未来的，应该以未来的战略方向来决定现在该如何行动，该如何取舍。正如阿里巴巴执行副总裁、总参谋长曾鸣所言，从终局看布局就是有战略，从布局看终局就是没战略！

在硅谷，经常讲的 3 个重要的单词是：未来、明天、下一个。下一个新世界、新趋势和新物种是什么？谷歌董事长埃里克在《重新定义公司》一书中分享道："正确的战略有一种美感，众人为了成功而集思广益。先想想看，5 年后世界会是什么情形？然后以此为基点，往前推算。对于那些你推断必定会发生变化的因素多加留心，尤其是受科技驱使而使成本曲线下降的生产要素，或是很可能出现的新兴平台。5 年后，市场既有机遇也有陷阱。那么，什么样的陷阱会影响你？"

依据这些方法，我带领这家公司高管层一起畅想了 5 年后的产业终局。工程机械行业增长的关键驱动因素是什么？到 2010年，工程机械市场的饼有多大？首先，我们要看到机会的宇宙，要以未来推导现在。到 2010 年，装载机要做到绝对领先，市场占有率要力保 20% 以上；挖掘机要想战略性崛起，必须进入行业前 7 名。当时，行业前 7 名全是日美韩企业，在"机会的宇宙"中，单单两个产品线就需要做到 100 亿，其他诸如路面机械等产品还不在其中。

对现有资源和能力不足的担心是非常正常的。战略在一定程度上就是摆脱现有资源的束缚，要思考的战略行动就是如何去不断地弥补现有资源和战略目标两者之间的差距。这就迫使我们要更加具有创造力，我们不是以现有资源决定未来战略，而是以未来的战略决定现有资源该如何优化配置，以及该整合什么样的新资源。

我也知道可以用"可行性分析"来进一步评价我们的战略意图，但可行性分析往往是基于现有资源的。一味用可行性来衡量，就永远不会有思维张力，容易使我们裹足不前。

可行性分析只能预测未来，却不能创造未来，与其纠结于"是否可行"，不如深入探讨"如何实现"。饼形思维不太关注现有的可行性，更关注未来的可实现性，我们已经做了关于如何实现 100 亿目标的战略行动。

一个人、一个组织发展的最大障碍，不是外部环境，而是每个人给自己设定的种种极限！

发言结束后，我环顾了在座的高管层，从他们的眼神中我看到，他们已经全部接受了 100 亿的战略目标！令人高兴的是，2009 年，这家企业的总裁打电话给我，说他们已经提前 1 年实现了 100 亿的战略目标。

再后来，我成了这家上市公司的独立董事，这家公司就是柳工股份。到了 2016 年，整个工程机械行业经历了前所未有的行业周期谷底，大家都很悲观。作为董事会战略委员会副主任的我，又开始带领大家思考未来柳工股份的战略。我再一次讲到从终局看布局的理念，希望大家具备"逆向思维"。当整个行业都悲观的时候，我们需要乐观一些，为行业的周期性复苏做好战略上的准备。

卓越的战略领导人的确需要左手战略、右手胆略，指点"机会的宇宙"，激发团队向前的想象力和胆量。克劳塞维茨在《战争论》中写道："对军人来说，从辎重兵到统帅，胆量都是最可贵的品德。"

唤起水手们对辽阔大海的渴望

"10 年之后，世界通信行业三分天下，华为将占一分！"这是任正非第一次在华为公司内部公开发表他的战略雄心！

那是 1994 年，据当时的员工回忆，大家在听到任正非讲这句话时，都哑然一笑，这位老板真能画饼，真能忽悠！没有人会相信这个战略竟然有真正实现的那一天。毕竟当时的华为，年销售额还不到 8 亿，员工不过 1 000 人。由此可见，任正非是典型的饼形思维！

在任正非心中，华为的榜样就是 IBM。我们可以快速回顾一下 IBM 的早期历程。1911 年创立的 CTR（计算制表记录公司）只不过是相当平凡的一家中小型企业，公司规模不大，也不国际化，主营业务是卖打卡钟、屠夫用的磅秤以及咖啡研磨机。

尽管如此，创始人沃森还是为 CTR 定下了伟大的战略目标，就是成为一家全球化的公司，当时仅有少数几家公司有这样的愿景。于是沃森就开始派遣下属出国成立分公司，并由当地经理人经营管理。很快，沃森受到通用电气及通用汽车等大公司的启发，在 1924 年将 CTR 更名为 IBM，以彰显其全球化的志向。

纵观产业发展史，你就会发现，在过去 100 年中崛起成为全球领袖的公司，无一例外都是怀着与他们现有资源和能力不相称的远大抱负起步的。

这就是战略意图：一个雄心勃勃的宏伟梦想。它是企业的动力之源，能够为企业带来情感和理性上的双重能量，推动企业夺取全球市场的领袖地位。一个有价值的公司是什么样的？短期看盈利能力，中期看核心竞争力，长期看产业领先地位。成为全球产业领导者是企业战略意图的精髓所在。

战略意图不随时间的推移而变化；战略意图保证了长期资源配置的一致性；战略意图只规定目的，不限制手段。如果市场是可以细分的，那么对于中小企业来说，其战略意图就应当是成为细分市场的领导者。如果没有做到第一，就要通过战略找到合适的方式成为第一。

如果想要造船，就不应该只给船员造船所用的锤子和钉子，而应该唤起他们对辽阔大海的渴望！战略意图可以在多样化的人群中构建一体化的身份认知。

这也是毛泽东所讲的"政治动员",没有充分的政治动员就不会有胜利,"首先是把战争的政治目的告诉军队和人民。必须使每个士兵、每个人民都明白为什么要打仗,打仗和他们有什么关系"。从土地革命战争时期的"打土豪、分田地"到解放战争时期的"建立新中国,人人当家做主",毛泽东依照这些战略意图充分调动了中国农民的革命积极性。

战略与现实之间的资源缺口激发创造性张力

好的战略意图可以让整个组织拥有三大体感。

• 方向感。以终局决定布局,企业必须构建今后10年的市场洞见和竞争意识,深入系统地回答:"未来会是什么样子?未来我们想成为什么?为了让未来变成现实,今天我们必须做些什么?"

• 探索感。理想很丰满,现实很骨感。战略意图与现实之间一定存在巨大的"资源缺口"和"能力缺口"。这种差距可以让整个组织沮丧无比,也可以激发出组织巨大的"创造性张力"。

• 命运感。在激烈的竞争中,没有平庸者的空间,战略意图一定要有共情,要和每一个人都有所关联,让大家有同身共济、上下同心的共鸣。

好的战略意图在远期愿景和近期目标之间搭建了桥梁，点燃了全体员工的激情之火，让员工勇于亮剑。战略意图在一定程度上就是"作战口号"！迄今为止，我看到的比较有意思的作战口号就是"把猫吃掉"！

在全球工程机械市场上，长期存在着一个领军企业，即美国的卡特彼勒公司。卡特彼勒通过与日本三菱重工的合资，开启了进入日本市场的步伐。整个行业都在传言"卡特彼勒公司一旦登陆日本，3 年内小松将不复存在"，这种担忧在小松公司内蔓延，整个组织情绪极其低落。

"把猫吃掉"①的战略意图应运而生，小松吹响了作战的号角。"把猫吃掉"并没有成为一个空洞的愿景，这一战略意图富有极强的行动导向。小松迅速启动了"全面降低成本"工程，即让产品质量超越卡特彼勒，同时大幅降低成本。同时，小松开始拜访客户，反复说服客户：小松的新设备不会那么容易坏，因此不会像卡特彼勒的机器那样需要经常修理。小松就是要制造"不会坏"的机器，让原本的市场领导者卡特彼勒的关键优势变得毫无用武之地。

之后，小松又启动了"绝对优势"工程。绝对优势在日文中的含义为绝对首位、优中更好，也就是追求卓越。而且这个词的日语发音会给人一种"真爷们儿"的感觉，作为工程机械厂家的口号可谓再合适不过了。之后，小松通过一步步扎实的战略行动，

---

① "把猫吃到"（Eat Cat）中的"猫"意指"卡特彼勒"，取自英文名"Caterpillar"的缩写"cat"。——编者注

在日本"吃掉了猫",同时他们开始大举进攻美国市场,希望在美国也能"把猫吃掉"。

战略意图是什么很重要,战略意图能做什么更重要。战略意图与现实状况之间一定存在巨大的差距,这种差距是一种力量,推动你向战略意图迈进。我们把这种力量称作"创造性张力",它能让整个组织充满战略紧迫感,激发创造"不可能之事"的能量。

从小池塘的大鱼到大池塘的小鱼

1982 年 12 月 8 号,本来就有点儿口吃的杰克·韦尔奇显得格外紧张,那一天是他担任通用电气 CEO 整 8 个月,晚上他需要面对很多华尔街金融分析师,告诉大家他将把通用电气带向何处。韦尔奇的这次演讲不算成功,内容非常凌乱,并且不是偏爱财务数据的华尔街人士想听的。

但是,就在这次并不成功的演讲中,杰克·韦尔奇首次公开提出了他著名的"数一数二"理念。他不希望通用电气是一家平庸的大企业,通用电气要能够洞察到那些真正有前途的行业并加入其中,同时坚持在自己所进入的每一个行业中都做到数一数二的位置。

在韦尔奇看来,排名第五或第四甚至是第三的企业都很难掌握自己的命运,但如果你是第一名,你就能够掌握自己的命运了。在激烈的产品和服务竞争中,没有平庸者生存的空间。如果做不到,韦尔奇就对这些业务实行"整顿、关闭或者出售"。

在自传里，韦尔奇谈到了德鲁克是"数一数二"理念的支持者。他写道："正是在德鲁克提出的一系列严峻问题的启发下，'数一数二'理念才得以明确化。"当时，德鲁克问他："如果当初你不在这家公司，那么今天你是否还愿意加入进来？""如果答案是否定的话，你打算如何处置这家公司？"这些问题直接促使了"数一数二"战略意图的诞生。

如果某一个业务板块经过多年的努力，终于做到了在整个行业"数一数二"的位置，杰克·韦尔奇会对这个业务板块表示祝贺，给予奖励。接下来，他会问："这个市场上你们是第一，市场占有率是15%，那么第十名的市场占有率是多少？"业务板块的负责人通常会非常诧异，因为他们从未关心过第十名，他们仅仅关注前三名。在经过研究之后，他们发现第十名的市场占有率是5%。然后，杰克·韦尔奇会继续问道："那么请你们想一想，如何把你们的市场占有率从15%变成5%？"这真是一个极其稀奇古怪的问题！

怎么做到呢？显然，分子不能变，只能变分母。只有扩大市场，发现更广阔的需求和市场。比如，通用电气发动机业务，原来的客户只有空客、波音这样的飞机制造商，现在还要服务航空公司，要涉足维修和发动机动态监控服务，这时候竞争对手就不再只是罗尔斯·罗伊斯和普惠，还有其他一些飞机维修公司。

于是这个业务板块就被重新定义为"飞机发动机的全生命周期服务商"，而不限于是制造和销售飞机发动机。于是，分母变大，不仅要掌握核心技术和进行核心生产，还要进军服务领域。

分子不变，市场占有率变小。接下来更富有挑战性的问题就是，再花多久的时间、采取什么战略行动，才能在这个新领域中做到数一数二的位置。

杰克·韦尔奇用生动的比喻刻画了他的增长三部曲。不能满足做"小池塘的大鱼"，要到大池塘去，做"大池塘的小鱼"，然后再成长为"大池塘的大鱼"。

当下的"绩效差距"，未来的"机会差距"

杰克·韦尔奇承认，如果不这样推动，很多经理人将很难看到更大的池塘。因为大多数经理人都缺乏战略思维，他们的运营思维要远远超过其战略思维。就像我们在导论里讲的，很多经理人是"蝉型经理人"，他们关注更多的是季度的绩效差距，即将现有的绩效表现和既定的绩效标准做对比，进行持续改善和绩效补救。

正如英国作家毛姆所言，只有平庸的人才总是处于自己最满意的状态。战略也是如此，战略是由不满意激发的，而不满意是对现状和期望业绩之间差距的一种感知。除了绩效差距之外，还有一个更重要的差距：机会差距。当有更大的池塘存在时，而我们却没有看到，而是非常满足于在小池塘做一条大鱼，这样就产生了"机会差距"。

很多经理人把时间和精力都投入到了绩效差距，原因之一是绩效差距有明确的考核指标，并与当期的薪酬相关联；原因之二

是绩效差距是"显形"的，因为是与既定的目标相比，所以差距
有没有、差距有多大都非常清楚；原因之三是绩效差距往往都是
燃眉之急。

但是，机会差距却是"隐形"的，往往看不到、摸不着。机
会差距不是与自己比，而是与行业、与客户潜在需求比，甚至是
与其他行业比。正因为机会差距是隐形的，往往又不是燃眉之急，
所以组织上下都非常容易忽视它，从而导致组织在时光流逝中错
过很多战略机遇！

可以说，绩效差距是"当下的差距"，机会差距是"未来的差
距"。有的企业往往是业绩非常漂亮，当下的绩效差距很小，可是
他们的机会差距却在不断扩大，可悲的是他们却一点儿也没有察
觉；而有的企业即使能够察觉，但为时已晚，错过了机遇窗口期。

2010 年，诺基亚仍是全球最流行的手机品牌。它有 14 亿用
户，比每天喝可口可乐的人还多，比微软系统装机量还大，比今
天的脸书用户还多。同年，诺基亚在全球新增的智能手机用户超
过苹果手机用户数，但如此不俗的绩效表现，仍然无法阻止诺基
亚机会差距不断扩大的趋势。

战略规划原本应该是公司长期的前瞻性的思考，如果仅仅
关注绩效差距，则必然陷入对短期的反应之中。正如战略大师加
里·哈默尔所言："虽然战略规划是让组织掌握未来的方法，但大
多数的管理者都承认，在短期运营压力较大时，他们的战略规划
更多着眼于解决今日的问题，而非创造明日的机会。"

第 3 章
绘制富有逻辑的战略地图

> 战略不是一个数，也不是一个口号。比如说，要成为行业的第一，这不是战略；要实现 100 亿收入，这也不是战略。怎么样能够成为第一和实现100 亿的路径才是战略。
>
> ——海尔集团 CEO　张瑞敏
>
> 不幸的是，许多高层主管恰恰就像没有地图的将军。当他们试图实施自己的战略时，往往没有向员工详细说明"应该做什么"和"为什么要做的事很重要"。
>
> ——哈佛商学院教授　卡普兰

何为"没战略"？

一家互联网金融公司的 CEO 和我交流战略问题，他说："公司的战略已经很清晰了，现在最大的挑战就是团队的执行力亟须提升！"会面结束后，我继续访谈该公司的其他高管，大部分高管的困惑竟然是："公司战略不清楚，不知道老大想什么和要什么。"该公司也聘请了一家外部咨询机构，对公司进行深入诊断，其结论也是：最大的痛点就是战略不清晰，战略没达成共识！

很多企业都存在类似问题。他们的战略其实就是董事长脑袋里的一个想法、一个营业目标，或者是时尚流行概念和词汇的组合。这些都是"没战略"的表现！

还有些公司投入巨资从国际咨询公司"进口"了一份长达250页的战略咨询报告，并把它的复印件分别锁在10个领导者的文件柜里！

有些公司的战略，连许多内部的经理人都不理解；有些公司的战略，每个人的理解都不一样！有些公司将第二年的销售计划、生产计划以及财务预算等作为公司战略。

为了掩盖战略思想的缺失，有的企业偶尔也会使用一下当今流行的术语，比如全面客户体验、大数据、人工智能等，但这些依旧难以掩藏其战略上的肤浅。

在《战略罗盘》课程上，我经常让学员做一个练习："请写下你们公司未来3年内要实现的四大战略目标和七大战略行动。"这些高管层们分为几个小组开始讨论，一般这个讨论环节需要15分钟左右，各小组会把研讨成果写在大白纸上，然后再贴到教室的墙上。

接下来，我会让每一个小组去看一下其他小组的成果，大家很快就发现了一个大问题：尽管他们来自同一家公司，且都是管理层，但是各个小组写下的战略目标和战略行动却并不一致，而且差异甚大。

我建议你暂时放下本书，赶紧叫上你的高管团队，给每位高管一张 A4 纸，让大家背靠背写下公司未来的战略。或者，写下 3 年内要实现的四大战略目标和七大战略行动。我敢跟你打赌，他们基本上写不出来，即使写出来了，彼此也很不一致，而且跟你想的也不一样。

一定要让员工相信战略

我的研究表明，当关键岗位的经理人工作绩效比较低的时候，他们最喜欢归咎于"公司没有战略""公司战略不清晰"，不是他们不想做好或不能做好，是公司的战略没有给他们指明清晰的方向。有时候他们说的是事实，但也有可能是一种推脱，这样的话，战略执行自然会大打折扣。

作为企业家、创业者或者事业部总经理的你，必须改变这种被动局面，让下属清晰地知道公司是有战略的。公司"有战略"不能停留在董事会层面，一定要反复宣讲，在人们的大脑里留下深刻的印记：公司有极其清晰的战略！注意，这个"人们"并非仅仅指员工，还包括客户、投资人、合作伙伴等等。

"有战略"和"相信战略"实在是太重要了，一个小故事深刻地揭示了这一点[1]。

　　故事发生在瑞士的阿尔卑斯山。一名匈牙利上尉派出了一支侦查小组深入冰山雪岭执行侦察任务。不料侦查小组遭遇到了暴风雪，可怕的雪崩让他们一时失去了意识。等他们醒来时，发现装备都丢了，连指南针也找不到了，他们的口袋里只剩下一点儿口粮。恶劣的天气持续了两天，侦察小组还是没有回来，上尉有一种不祥的预感。可喜的是，到了第三天，侦察小组居然奇迹般地回来了。

　　原来，当侦察小组被困在雪山中正准备听天由命的时候，有个人突然在口袋里发现了一张地图。看着地图，队员们充满了希望，打起了精神。大家冷静下来，找到了自己的方位，围绕着地图开始讨论下山的路。他们依靠这张地图奇迹般地安全返回了。

　　这个故事要是这样结束的话似乎就不是故事了。当上尉把地图要过来，仔细辨别后，无比惊讶地发现，这其实并不是阿尔卑斯山的地图，而是一张比利牛斯山的地图。

这个故事的寓意非常明显，当我们迷路时，任何地图都能帮到我们，至少它会给大家勇气，从而激励大家采取行动。组织行为学专家韦克对此解释道："地图在手，无论它多么粗糙，人们都尽可能地把眼前的事物看成地图上的标志物。地图预示了他

---

[1] 此故事引自明兹伯格所著的《战略历程》。

们的直觉，他们看到了他们希望看到的。随着差异的加剧，他们更加注重切身体验，从经验中寻求解决办法，而不再关注地图了，手中的地图则变得没有什么实际价值了。但让人意味深长的是，正是因为最初的地图提供了前进的方向，人们才会在实践中创作出更多新地图。"

至少在事前阶段，战略不是"对或错"的问题，而是"有或无"问题。对于这支侦查小组而言，还有"相信或不相信"的问题。

员工不相信战略的背后是战略没有逻辑

那么，如何才能做到这一点呢？就是把战略变成一个好的故事，生动而有意思，清晰且富有因果逻辑。研究表明，在理性上富有清晰的因果逻辑，在感性上生动、深刻、有趣的故事最能让人理解和相信。

电影《蝙蝠侠》的制片人彼得·古柏对此有着深刻的感悟：对于电影，故事最重要；对于商业经营和领导，故事也非常重要。小米手机创始人雷军先生则直言不讳地要求很多创业者要学会讲故事："我觉得你要能把故事给我说明白了，你就可以从我口袋里面拿到钱。"

战略故事就是将一连串战略目标和战略行动以某种因果顺序串联起来的生动表述，其核心是"逻辑清晰的因果关系"。当然，这种逻辑清晰的因果关系并不像冷冰冰的、理性的侦探小说，它必须渗透着情感，将自己的激情和洞察力融合起来。

- 将盈利的前景（商业理性）和使命的意义（创业情怀）有效平衡。

- 将严格的理性逻辑与朴素的常识高度融合。

- 将WHY（为什么做，机遇和意义何在）、WHAT（我们给什么样的顾客提供了什么样的价值）和HOW（我们在这项业务中如何盈利）完美链接在一起。

让我们听一下亚马逊创始人贝佐斯在创业之初所讲的"战略故事"。在车库创业已经成为硅谷的传统，与苹果和惠普一样，亚马逊的创立也是从一间小小的车库开始的。在简陋的车库中，亚马逊创始人贝佐斯将创业战略写在了一张餐巾纸上。从1995年至今，亚马逊一直遵循着这张餐巾纸上所写下的"战略逻辑"。

我们意识到，WWW过去是World Wide Wait，现在仍然是①。因此，我们便想为客户提供某种他们以任何其他方式、在任何其他地方都是无法得到的购物体验（WHY）……我们坚持关注购物体验的改善，对我们的书店进行了实质性的提升，同时我们也大大降低了价格，进一步提高客户价值（WHAT）。这样我们的网站访问量就会增加。只有成为拥有大量访问者的网站，我们才能吸引更多诸如出版商这样的卖家。从而，我们进一步扩充了网站的商品种类，丰富了客户体验，提高了网站访问量（HOW）。

---

① "WWW"（原本是World Wide Web的缩写，万维网），这里译为是"世界范围的等待"（World Wide Wait），意指网络传输速度太慢。——编者注

这是贝佐斯所设想的战略故事，这个故事蕴含了逻辑清晰的因果关系，我们可以看到其中的双重良性循环，也会发现这个战略故事不是静态的画面，而是动态的、富有"内在流动"和"内在变化"的。这是一个可以从任何起点开始但却没有终点的闭环式循环。贝佐斯把这个"战略逻辑"称为"亚马逊飞轮"（见图 3–1 ）。目前"平台战略"大行其道，其精髓就是亚马逊飞轮。

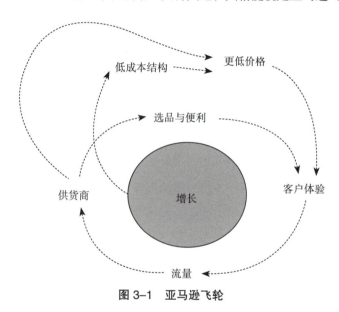

图 3–1 亚马逊飞轮

用战略地图讲好战略故事

从比利牛斯山地图的故事中，我们知道了地图的重要意义。假如你是一位将军，正率领部队进入一片陌生地域。毫无疑问，你需要详细的地图来指明重要的城镇、周边的地形、桥梁或隧道等信息。没有这些信息，你将无法向部下传达你的作战方略。

哈佛商学院著名教授卡普兰尖锐地指出："不幸的是，许多高层主管恰恰就像没有地图的将军。当他们试图实施自己的战略时，往往没有向员工详细说明'应该做什么'和'为什么要做'，因此这些公司在执行战略的过程中败走麦城也就不足为奇了。"

战略地图就是这样一个工具，它可以让员工清晰地理解战略。战略地图可以直观地展示公司各种战略目标之间的逻辑关系，形成具有清晰因果关系的战略路径，从而将公司的战略目标转化为可操作的指标与行动方案。这样，员工就能非常清楚地看到他们的工作与战略总体目标之间是如何连接的，就能相信并执行战略了。

好的战略地图本身就是一个好的战略故事，因为战略地图符合战略故事的要求——逻辑清晰的因果关系。战略地图包括四大层面——财务、客户、运营流程和学习发展，而四大层面之间有着天然的逻辑。

衡量一家企业的战略是否成功的标准就是企业是否取得超额利润，这显然是一个财务层面的战略目标。超额利润从何而来呢？无非是两大关键驱动因素——收入和成本。因此必须努力增加收入、降低成本，提升资本周转率。为了实现这些财务目标，必须获得更多的客户，增加客户的满意度和忠诚度。这样才会有更多的客户购买，才能增加企业收入。

那么，如何获得更多的客户，并让客户满意呢？唯有依赖高效的运营流程，包括高效的销售流程、创新流程、生产交付流程，等等。继续深入寻找关键的驱动因素，我们就会发现，若要这些内部运营流程高效卓越，需要每个员工都能胜任每个流程上的每个岗位。因此员工必须要学习和发展。

图 3-2 为我们展示的是一家航空公司的战略地图，各个箭头表示了彼此之间的因果逻辑。这家公司的战略意图非常清晰：获得 15% 的资本回报率。这个目标远远高于航空业平均水平。如何获得这么高的资本回报率呢？最主要的驱动因素就是提高飞机周转率，因为飞机必须要飞到天上才能赚钱。怎样提高飞机周转率呢？必须有更多的乘客，即必须要提高客座率，因为飞在天上却没有人坐也是不赚钱的。

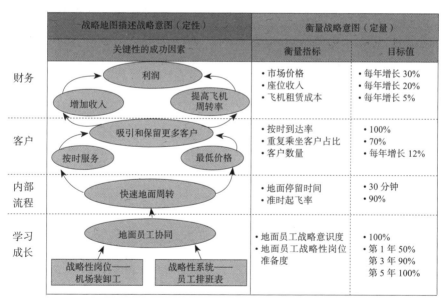

图 3-2 某航空公司的战略地图

怎样让更多的人来坐飞机呢？第一，要正点飞行；第二，票价要低。如何做到这两点呢？首先内部流程要优化，地面周转时间要短，飞机落地后必须尽快再起飞。所以这家公司不飞大型机场，只选择小型机场，从落地到再起飞只需要 20 分钟左右。这就是战略逻辑！

腾讯"五年战略规划"的战略思维和逻辑

2005 年春节过后，刘炽平正式抵达飞亚达大厦上班，担任腾讯"首席战略官"，他很快就向马化腾提交了一份极为重要的文件，一份左右腾讯未来命运的文件《腾讯五年战略规划》：

（1）互联网公司具有 3 种驱动力，即技术驱动、应用驱动、用户驱动，腾讯应该着力于第 3 种驱动力的培养。当我们把客户作为战略的起点时，我们就能发现非常多的增长机遇。

（2）以"用户为中心"，围绕用户和用户的资产进行战略扩张，向用户提供各种在线生活服务。这些战略增长机遇组合被马化腾命名为"ICEC"[Information（信息）、Communication（通信）、Entertainment（娱乐）、Commerce（商务）]。

（3）未来 5 年内腾讯公司年收入将达到 100 亿元人民币。这对于当时的腾讯而言，无疑是一个胆大包天的战略目标，在当时很多腾讯高管层眼中，100 亿遥不可及！

（4）战略决定组织，组织支撑战略。腾讯需要建立事业部制，各事业部以产品为单位，专项开发、分工运营、各自为战。腾讯在 2005 年 10 月开启组织结构大调整，形成 5 个事业部，分别负责五大系统：企业发展系统、无线业务系统、互联网业务系统、互动娱乐业务系统和网络媒体业务系统。5 个事业部可以作为 5 家独立的公司，它们如同章鱼的 5 只手，各凭其力，伸向所有的竞争对手。

现在，让我们解剖一下马化腾和刘炽平的战略思维和战略逻辑。

（1）马化腾和其首席战略官并不满足于做"小池塘的大鱼"，他们为了增长，开始寻找并重新定义"大池塘"（新的增长空间）。如何重新定义"大池塘"？腾讯的战略逻辑就是从现有客户资源出发，为他们提供新需求。刚开始，马化腾的战略抉择有一定程度的被动性，因为他的"虚拟电信运营商"道路被中国移动堵死，同时现有小池塘（无线增值业务）也正在被清理，利润区日益干涸。

（2）在首席战略官刘炽平的启示下，马化腾开始从战略被动转向战略主动。据刘炽平回忆，"当时马化腾对很多战略概念并不是非常熟悉，但他有很好的感悟力，能举一反三，直达问题核心"。在他和刘炽平无数次坐而论道之后，他们达成的共识是，腾讯唯一的核心竞争力是掌握了人际关系网络，由此出发，向用户提供各种在线生活服务，这是一条走得通的战略道路。

（3）马化腾和其首席战略官的战略思维并不是柱形思维，而是典型的饼形思维。他们在选定业务机遇后，预估该业务机遇的"终局"和"饼形空间"，然后确定其应该和能够占据的份额，以此决定未来的战略目标，这是典型的"以未来推导现在"。

（4）马化腾在 2005 年接受《第一财经日报》的采访时，充分体现了他的饼形思维："无线（增值）有 100 多亿元的盘子，我们必须进去；网游有 70 多亿元的盘子，腾讯不能放弃；广告有 30 多亿元的盘子，腾讯不能放弃。"由此他们确立了一个和现有资源及能力不相称的、看似遥不可及的"战略目标"：5 年内从 14 亿增长到 100 亿！

在刘炽平完成并发布《腾讯五年战略规划》后，2006 年 2 月，腾讯发布公告，任命首席战略官刘炽平接替马化腾担任公司总裁，马化腾仍保留董事会主席兼首席执行官职务。

后来的事实是，腾讯 100 亿的战略目标实在太保守了，尽管当初很多高管层都认为这个战略目标太激进了！腾讯提前一年完成了首席战略官刘炽平定下的战略目标。2009 年腾讯公司全年收入突破 124 亿。2010 年腾讯公司总收入为 196 亿，超额完成了 2005 年定下的战略目标。

第二模块

定位视角：竞争格局、竞争战略和竞争优势

第 4 章
与众不同的战略定位

> 每当发现自己和大多数人站在一起，你就该停下来反思一下。
>
> ——美国作家 马克·吐温
>
> 不要以运营上的勤奋掩盖战略上的懒惰！
>
> ——小米公司创始人 雷军

"有战略"不等于"好战略"

在规划视角中，"战略规划 5 步法"只告诉了我们该如何制定战略，却没有告诉我们应该制定什么样的战略，以及符合什么标准的战略才是一个"好战略"。

很多企业都有战略，但遗憾的是不少企业有的是一个"坏战略"。我在《战略罗盘》课程上经常听到有的学员说他们有一份长达一百多页的战略规划报告，但是这份报告被锁在领导班子成员的文件柜里。我也看过类似的战略规划报告，首先是外部分析，接着是内部分析，然后是战略目标、战略举措，最后是战略执行保障。

很多战略规划报告都是一堆数据、经营目标和行动清单的堆砌，其实只是一份"战略规划八股文"而已，里面几乎找不到战略的影子。这样的战略规划八股文有用吗？不仅没用，有的时候往往是有害的，因为这样的八股文经常会违背战略本质。这种规划输出的经常是"同质化"的战略，而战略的本质是创造"差异化"。

很多经理人对战略存在错误理解。比如，一些企业经常把"战略"和"战略性"这两个词弄混了，他们的很多工作被冠以"战略性"的重要意义，比如，战略性人力资源、战略性成本管理等。这些工作对企业经营有着"重要意义"，但不一定属于"战略"范畴。可以肯定地说，高管层使用"战略性"这个词的次数越多，他们所拥有的真正的战略就越少。

不知不觉，各种职能部门所推出的各种管理工具便逐渐取代了真正的战略，导致他们走入了一个误区：以运营上的勤奋掩盖战略上的懒惰。他们把自己所熟悉的工作视为战略，运营工作正在日益替代战略工作！于是不知不觉中他们的工作掉入了"坏战略"的境地。

在很长的一段时间内，苹果公司都深陷"坏战略"困境。整个公司在 IBM、戴尔的夹击之下节节败退，产品呈现同质化，毫无特色。整个管理层都沉浸在日常运营中，导致亏损近 10 亿美元！1996 年 12 月 17 日，苹果收购 NeXT，乔布斯重回苹果！

乔布斯回归苹果的"第一把火"就是拍了一部他一生中最喜欢的广告片《非同凡想》。爱因斯坦、马丁·路德·金、毕加索这些人都出现在这则广告片中。现在，让我们一起欣赏一下《非同凡想》的经典广告词。

> 向那些疯狂的家伙们致敬，他们特立独行，他们桀骜不驯，他们用与众不同的眼光看待事物！他们不喜欢墨守成规，他们也不愿安于现状。你可以赞美他们，引用他们，反对他们或是诋毁他们，但唯独不能漠视他们，因为他们改变了世界。

乔布斯说，"我们只用了 30 秒和 60 秒，就重建了苹果曾在90 年代丢失了的与众不同的形象"。这则新广告充分反映了乔布斯强大的战略思维：只有想得与众不同，我们才能创造与众不同；真正超越竞争对手的方法不是"做得相同"，而是"做得不同"！

1983 年，乔布斯曾经对百事可乐 CEO 约翰说道："你想一辈子卖汽水，还是想要来改变世界？"这句话打动了约翰。当企业拥有一个"好战略"的时候，就是在做一件"与众不同"的事情，实际上就意味着你和乔布斯一样在"改变世界"。你在这个领域每往前走一步，就意味着整个世界在这个领域也往前走一步，这种境界、这种气场会把整个组织内心最深层的力量激发出来。

"做得不同"还是"做得更好"？

很多公司经常自豪地宣称他们的战略是"成为行业里最好的公司"，他们的产品或服务是"最好"的！类似这样的战略宣言，你会经常听到，你自己也许也说了不少。这些言谈激情四射，却反映出了一些高管层对战略认知的浅薄。

如果你想胜出，很显然你应该争做最好。很多人都认为这是非常正确的道理，事实真是这样吗？

这其实涉及到两种不同的战略思维，做得更好（竞争趋优）还是做得不同（竞争求异）？这两种思维决定了我们如何思考竞争，以及如何竞争（见表4-1）。

表 4-1　两种不同战略思维的对比

竞争求异	竞争趋优
价值	价格
关注客户需求	关注竞争对手
竞争多元化	竞争同质化
共赢	零和
众好	最好

注：该表思想源于迈克尔·波特所著的《什么是战略》，由京东首席战略官廖建文完善。

2016年，苹果零售店诞生15年！2001年5月19日，第一家苹果直营零售店在加州开业。在亚马逊疯狂扩张的年代，很多零售店纷纷关门大吉，大家预言苹果零售店也难逃厄运。

当乔布斯提议开办零售店这一战略设想时，董事会成员没人同意，大家反对的理由也很充分：捷威计算机在开办 200 家郊区零售店后就走向了衰落。但是，乔布斯的观点与众不同：苹果和捷威的命运将会不一样，苹果零售店不是要开在房租便宜的郊区，而是要开在房租极高的闹市区。在最后一次讨论时，乔布斯已经换掉了大部分董事会成员。

早在 1999 年，乔布斯就开始秘密面试苹果零售店的管理人员。据罗恩·约翰逊回忆，乔布斯没有问我们如何建立一家比竞争对手更好的零售店。相反，他问道："我们如何彻底改造零售店的模式？不要只想如何做得更好，我们要做到与众不同。"

大部分零售店的传统想法是：郊区租金便宜，消费者购买电脑这种不常买的大件时，愿意开车去较远的地方，享受更实惠的价格。乔布斯的"非同凡想"是：苹果要开在最繁华街区的购物中心里，我们不能让顾客开 10 英里的车去看我们的产品，而是要在 10 步之内就能看到。

在一次战略研讨会上，一位苹果高管发言说："我们创建一个如同四季酒店一样的零售店，酒店的服务人员并不销售任何产品，他们只负责服务和提供帮助。"对此，乔布斯非常认可。苹果零售店的销售人员因此被传授了一种与众不同的销售价值观：不是销售，而是帮助顾客解决问题。苹果也改变了传统零售店的销售佣金模式，员工没有销售任务，没有销售佣金，公司不以此来奖惩员工。

苹果零售店崛起的案例告诉我们：与其相同，不如不同。竞争趋优会走向模仿，竞争求异才能走向创新。当我们"做到不同"

的时候我们才能"做到更好",才能真正超越竞争对手!

追求做得更好时,我们的关注点是竞争对手,看我们的竞争对手怎么做,我们就怎么做。这只能使我们和竞争对手靠得最近,但是却无法超越,也让我们慢慢失去了对消费者的关注。把超越竞争对手变成我们竞争的目的,带来的结果只能是"同质化"。

正如谷歌创始人拉里所言:"如果你把注意力放在竞争对手身上,那你绝不会实现真正的创新。当你与竞争对手为了市场占有率的几个百分点争得不可开交时,半路往往会杀出一个不在乎市场占有率的竞争者,用全新的游戏规则颠覆整个游戏。"

回到第 1 章所讲的"战略第一性原理":战略的起点是客户,并不是竞争对手!因此,"好战略"不是逼近对手,而是为目标客户创造独特的价值,传递与众不同的产品或服务,这样我们就能够以战略重新定义整个行业。

《财富》杂志在 2009 年这样评价乔布斯:"企业家若能重塑任何一个行业,可以堪称其毕生成就,例如亨利·福特改革汽车生产工序等。然而能够同时改变四大现有行业的,乔布斯则是史无前例的第一人。"的确如此,乔布斯以"非同凡想、与众不同"的战略观高歌猛进,成功地重新定义了四大行业:个人电脑、音乐、电影和手机。不久之后,大家就发现了《财富》杂志的评价有所偏颇,因为乔布斯其实重新定义了五大行业,最后一个就是"零售业"。

模仿是战略的大敌：联想战略大漂移

2017 年 4 月 11 日，联想发布了新战略，简称"三波战略"：一是保持个人电脑业务的领导地位和盈利能力，二是将移动和数据中心业务建设成新的增长和利润引擎，三是投资新型智能设备和"设备＋云"模式。

一些媒体的朋友找我，让我评论一下联想的新战略，我就把 2004 年写的关于联想战略大漂移的文章发给他们，我的观点依旧是：联想不只失去了 5 年，联想其实失去了 15 年，从 2002 年开始，联想的战略基因就已经注定，联想如果不改变战略基因，什么战略都是无效战略！联想的战略基因是什么呢？我作为一名旁观者的总结是：模仿、漂移和短期主义。

在 IT（信息技术）行业，IBM 制定了"硬件＋服务""全面解决方案"的战略，并收购了普华永道咨询公司，获取了全面成功。"硬件＋服务"成为 IT 业内的战略最佳实践。联想随即启动了"学习 IBM 好榜样"的活动，开始了模仿 IBM 战略的进程。基于此，2002 年联想收购了国内领先的 IT 咨询公司——汉普，成立了联想中望网络集成服务公司，推动联想由 IT 硬件商向 IT 服务商转型。CEO 杨元庆坚定地指出："联想确信无疑要搞 IT 服务业，不搞才有风险，搞得不彻底才有风险。"

但是，联想战略转型历时 3 年，业绩不佳，2004 年 7 月，联想开始剥离刚刚进入的 IT 服务业，收缩并专注于个人电脑业务，并在 2005 年 5 月收购了 IBM 的个人电脑业务。联想的新战略是致力于成为全球最大的个人电脑专业制造公司。但遗憾的是，联想在模仿 IBM 的战略失败后，又开始掉头模仿戴尔的战略。

联想之所以深陷经营困境，根本原因是在战略上摇摆不定，联想并没有自己的长期战略。如果说有，则不是模仿 IBM 就是模仿戴尔，或者是仅仅停留在运营层面。遗憾的是，联想并没有认识到这一点，导致失去了 15 年（2002—2017 年），这 15 年来联想的战略在不断模仿中摇摆、漂移。

为什么战略模仿在中国这么盛行？以至于有很多 CEO 非常推崇"模仿也是创新"这样的流行语。我想有三大原因。

首先是文化原因。包括中国在内的许多亚洲企业，从职业经理人到企业老板都害怕犯错。如果你做的是竞争者正在做的事，没有人会怪你，但是如果做了"与众不同"的事，且不幸错了，你就会成为众矢之的。于是大家宁愿一起犯错，也不愿意单独冒险尝试去做对的事。

另一个原因就是，大家都怕失去，或者大家想得到的都太多！其实，战略的最基本步骤就是设限。如果想要抓住所有的顾客，提供所有的服务，根本没有战略可言。制定战略就是要限制你想要做的事情，战略的精髓就是选择不做什么。有舍才有得，这是一种战略智慧，只有知道要放弃什么，才说明你有战略！

最后一个原因是"把运营视为战略"。我们并不是说运营不重要，运营很重要，但它不是战略。把运营视为战略极易导致战略"短视症"，因为运营是看今天的，战略是看未来的。最好的战略经常会带来几年的亏损，特别是在转型期的革新领域。战略需要牺牲当前，好的当前运营数据经常带来错误的战略决策！联想战略大漂移的部分原因就在这里！

战略定位之战：在哪竞争？

在规划视角中，战略是要回答"到哪去"和"如何去"这两大问题；在定位视角中，战略则需要回答"在哪竞争"和"如何取胜"的问题。在一定程度上，战略的定义可以非常简约：战略 = 战 + 略。"战"就是决定"在哪竞争"，"略"就是决定"如何取胜"。思考清楚这两个问题就可以找到在哪实现差异化，以及如何实现差异化的答案。

《韦氏词典》对战略的定义是：针对敌人确立最具优势的有利位置。"有利位置"实在是太重要了，"在哪竞争"的选择最能体现军事家和企业家的战略智慧！

在辽沈战役中，毛泽东指示林彪要先打锦州，因为一旦解放军占领锦州，就截断了国民党军队东北和华北之间的联系。后来，锦州之战大获全胜，沈阳、长春也接连告捷，全国解放的时间从5年缩短到两年多。

由此我反复思考，作为一名统帅，摆在企业面前的战场很多，你有没有勇气和智慧去做战略上的抉择、取舍和聚焦，找到你的"锦州"，然后进行饱和攻击！

2017年，创造了战略传奇的长城汽车发布了它的"2020战略"：到2020年，哈弗计划突破200万辆的年销量，成为全球最大的专业 SUV 品牌；将投入 300 亿元用于新能源、智能化项目，力求在智能互联、自动驾驶上形成领先优势。

这一切都源于 10 年前长城汽车所做的一次战略定位：在哪竞争，如何抉择、取舍和聚焦？ 2007 年，长城汽车决定不再做小型通用汽车，果断退出轿车 MPV 市场，聚焦到 SUV 战场。长城汽车董事长魏建坦言：多一个新产品并不是那么难，而去掉一个产品却非常复杂，所以非常难以抉择。

战略的精髓就是选择不做什么，只有知道要放弃什么，才能说明你有战略！没有取舍，就没有选择的必要，也就没有制定战略的必要。在战略定位的指引下，长城哈弗 SUV 从零起步，做到了年销过百万辆，连续 10 年保持中国 SUV 销量冠军。

爱德华·琼斯公司素有华尔街的"沃尔玛"之称，是全美金融服务业里规模最大、盈利最高的零售经纪商。该公司并没有依据收入高低、工作职业等维度来细分战场，它根据"对待风险的心理偏好"，选择了"在哪竞争"：那些保守的投资者。

长城汽车是从品类入手重新定义战场，爱德华·琼斯基金则从客户需求入手，选择了"在哪竞争"，而猎豹这家移动互联网时代的小众公司，则从区域市场入手，创造了移动互联网时代的战略奇迹。与以往中国互联网公司"Copy to China"（复制到中国）不同，该公司创始人傅盛的思路是"Copy to Global"（复制到全球）：避开中国市场，进军国际市场，避开与奇虎 360 和腾讯在安全、APP（应用软件）分发等领域的残酷厮杀。战略取舍让猎豹获得了卓越的业绩：该公司主打产品"清理大师"在全球许多国家的安卓应用商店清理工具榜上位居第一。

战略定位之略：如何取胜？

鲁迅老先生曾给我们留下一句名言："世上本没有路，走的人多了，也便成了路。"这句话用在战略上却是不对的，战略应该是这样，"这个世界本来有路，人走多了，就无路了"。

"战＋略"是一个开放式矩阵，你可以围绕这两个坐标轴自己来定义具体的内容。战略定位意味着竞争的"战场"要和竞争对手不一样，或者战场一样，只是取胜的手段不同。

"如何取胜"主要有两大选择。

• 一是低价格，即你的产品或服务比竞争对手便宜很多。你能以更低的成本提供类似的产品，或者虽然你的价格便宜，但依然能够获得较高的盈利。采用这一竞争策略的有小米手机、亚马逊生鲜、汉庭酒店等。

• 二是高价值，即你的价格比竞争对手高很多，但是客户依然愿意购买你的产品或服务。因为你为客户提供了更多的附加价值，如品牌身份象征或者超级服务体验。采用这一竞争策略的有苹果手机、全食有机超市和四季酒店等。

战略中最严重的错误是与竞争对手在同一个维度上竞争，就像大家都在同一场比赛中竞争，赢家只有一个。但是，如果开发新的战略，找到一个独特而有价值的位置，就可以创造出不同的比赛，可以产生不同的赢家。

2016 年 7 月，孙正义宣布以 243 亿英镑收购 ARM（英国微处理器行业的一家知名企业）。几年前，如果有人将 ARM 和英特尔相提并论，一定会被同行耻笑：英特尔是一家年销售额过 300 亿美金的公司，每年研发投入超过 50 亿美元，拥有 10 万员工；而 ARM 仅是一家"著名的小公司"，诞生在距离剑桥大学 10 英里的乡间，其年销售额不到 10 亿美金，在全球拥有不到 2 000 名员工。

如今，ARM 公司每年在全球售出的中央处理器约是英特尔的 40 倍，应用在 95% 的智能手机上。从苹果到三星，全世界每卖出一部智能手机，里面就有 5~6 颗芯片使用了 ARM 专利，平均每部手机要向 ARM 缴纳约 0.5 美元的专利费。

在移动智能时代，ARM 以充满智慧的"战 + 略"矩阵完胜英特尔。

- 战："在哪竞争"。ARM 定位在移动手机战场，而英特尔的优势战场是个人电脑，ARM 有效错位，进入了一个英特尔刚开始就忽视的市场。

- 略："如何取胜"。ARM 以低价格、低能耗对抗英特尔的高价格、高能耗。这一竞争优势非常匹配智能手机、平板和游戏机等便携终端。ARM 服务器的最大优势是，能源节省可达 89%，占用空间可缩小 94%，总成本可降低 63%。

反观同期的 AMD（美国超微半导体公司），其战场和英特尔高度重合，同是为个人电脑市场提供中央处理器，竞争手段也是一致的，AMD 挑战英特尔的方式就是生产性能更好的处理器，以此来抢占英特尔的份额。竞争的结果就是，英特尔的市场份额一直是 AMD 的数倍，让 AMD 没有任何喘息的机会。

有时候，"如何取胜"并不是太复杂，仅仅需要在某些方面实现"差异化"即可。我们来看看三星手机如何紧随 iPhone，成为排名第二的强势品牌。2010 年，iPhone 4 用的是 4 英寸的屏幕；2011 年，三星推出了 Note 1，屏幕是 5.3 英寸，比 iPhone 4 大了33%；2012 年，三星 Note 2 的屏幕是 5.5 英寸，两年后苹果才推出了屏幕和 Note 2 一样大的 iPhone 6 Plus。淘宝在中国战败易贝（线上拍卖及购物网站），其核心制胜手段就是在 2004 年推出了"支付宝"，解决了交易之间的"信任"问题，避免了卖家和买家之间的结算风险。

最好的定位是首位

战略就是选择，就是取舍！其背后的根本逻辑是因为"顾客在选择，在取舍"！顾客在琳琅满目的商业世界，不是在购买，而是在选择，她/他在你和竞争对手之间做取舍！

企业存在的意义就是创造顾客！那么，如何给顾客一个选择我们而不选择别人的理由呢？营销大师特劳特把这种现象称为"选择的暴力"：如果你不实现差异化，你就会被淹没在这些竞争的海洋中，被顾客抛弃。企业要做的，就是如何赢得顾客的选择。

在《战略罗盘》课程上，我有时会让学员做这样的练习：拿出一张 A4 纸，写一张购物清单，把你所知道的感冒药品牌全部写下来。这个练习很有意思，你会发现，大部分学员都写不满 7 个品牌，往往只能写到 5 个左右。

这就是哈佛大学教授乔治·米勒的著名观点：人的记忆广度大约为 7 个组块。消费者的心智空间都是有限的，关于某一品类的产品，其心智空间的最大容量也就是 7 个品牌。目前，在中国销售的感冒药品牌有 1 000 多个，但是我们的心智空间最多只能够容纳 7 个，这种矛盾怎么处理？你只能努力，把你的品牌带入前 7 位，最优的选择就是能够做到第 1 位。

在感冒药的练习中，我发现，不管什么样的学员做这个练习，有一个感冒药品牌总能被列入前 3 位，这就是"白加黑"。"白加黑"以黑白药分开，白天服白片，晚上服黑片为特色，准确地给了自己定位，在国内尚属首创，也在人们心智中牢固地占据了第一的位置。

在一定程度上，商业竞争的本质不是产品之争，而是认知之争。基于此，我把战略定位分为两种：第一种是基于"市场空间"的战略定位；第二种是基于"心智空间"的品牌定位。占据了顾客的心智空间，才会有增长的市场空间！"好战略"需要将这两种定位完美地契合在一起。

最好的定位是首位，占据消费者心智空间的第一位置极其重要。如果市场中只有一个理想的"首位"，或者你洞察了一种尚没有人占领的"首位"，那么你唯一要做的事情，就是要抢占先机，赶在他人之前占据这个位置。这就是领先的决定性，一旦领先将永远领先。

西南航空为什么能持续盈利？因为它占据了低成本航空认知的首位。王老吉为什么快速崛起？因为它占据了凉茶领域的首位。中国最长的江河是？是长江。第二长呢？黄河。第三呢？第四呢？第五呢？一定不是张口就来。因此，占据第一是很重要的，受众对任何以"第一"为标签的事物都具有较高的识别度和记忆度，而这个处于第一位置的事物也将收获战略溢价。

挑战者和领先者之间的对抗秘诀

在很多领域往往只有两个强大品牌，一个是领导品牌，一个是"第二品牌"。第二品牌要能够紧跟第一品牌，靠的绝不是"做到相同"，而是"做到不同"。正如迈克尔·波特所言，挑战者必须找到不同于领先者的竞争新方式，才有可能挑战成功。

成功的第二品牌需要站在第一品牌的对立面，避开竞争对手在顾客心智空间中的强势位置。挑战者最佳的进攻战略，就是针对领先者强势中蕴含的弱点，实施精准的饱和攻击。

百事可乐就是利用可口可乐强势（可乐的发明者，口味更"正宗"）中的弱点（父辈、祖辈在喝），界定出"新一代年轻人的可乐"的定位。云南白药创可贴通过"有药好得更快"的差异化定位，重炮打击第一品牌邦迪的战略性缺点（无药），反客为主成了领导品牌。

2010年5月，腾讯微博上线，比新浪微博迟了整整8个月。为了说服各路意见领袖（大V）转投腾讯微博，腾讯上上下下使出了各种招数，性格内向的马化腾也硬着头皮到处拉人。但是腾讯微博对抗新浪微博并未取得胜利，因为"能够战胜微博的，一定不是另外一个微博"！

腾讯创始人马化腾在参加2016清华管理全球论坛时和清华经管学院院长钱颖一进行了一场对话，马化腾在这场对话中反思了当时腾讯微博的战略，他讲到"同样的产品是没有办法去战胜对手的，你只有做一个完全不一样的东西才可能解决这个问题"。

到2011年11月，腾讯微信的日增用户数达到了20万峰值，马化腾下令暂停即将在京沪两个城市投放的2000万元腾讯微博广告，他知道，"微博之间的战争已经结束了"。打败新浪微博的不是腾讯微博，而是腾讯微信。

同理，打败微信的也一定不是另一个微信，2013年10月，马云在整个阿里体系力推"来往"，在内部邮件中号召"以愚公之精神去挑战微信"。同年8月，网易丁磊更是与中国电信强强联手推出"易信"，丁磊宣称"易信的语音通话质量比微信高3~4倍"！但是很遗憾，来往和易信都没有能够成功挑战微信。

第一、第二阵营之外的公司还有希望吗？当然有，那就是开创新品类！美国酸奶领先品牌乔巴尼（Chobani）没有推出比竞争对手更浓稠、更美味、蛋白质含量更高的酸奶，相反，它极力推出了一种新式酸奶——希腊酸奶！更为精彩的案例就是王老吉，它在高手如云的饮料市场开创了"凉茶"这一新品类，并占据首位。

新品类的极致就是"新物种"。比如，滴滴出行针对传统的出租车行业而言就是一个新物种，蚂蚁金服针对于传统的银行行业而言也是一个新物种，特斯拉对于传统的轿车行业而言也是一个新物种！关于新物种，我们将在下一章讨论。

第 5 章
洞察产业生态的当下结构和未来演进

> 当你碰到一艘总是会漏水的破船，与其不断白费力气地去补破洞，还不如把精力放在如何换条好船之上！
>
> ——投资大师　巴菲特
>
> 我们总是高估在一年或两年中能够做到的，而低估 5 年或 10 年中能够做到的。
>
> ——比尔·盖茨

在什么赛道上赛跑

巴菲特从 1962 年开始购入伯克希尔纺织公司的股票，到 1965 年，巴菲特共投入 1 400 万美元，获得该纺织厂 70% 的股权，并担任了董事长。当时的伯克希尔纺织厂约有 4 700 台织布机。后来巴菲特卖掉了这家纺织厂，他反复讲：收购那家纺织厂是个巨大的错误！

巴菲特在 1977 年致股东的信中写下了他的顿悟："纺织业管理层相当优秀，但只能获得微薄的利润。管理层一再学到的就是，要选择顺风的产业环境，不要选择逆风的产业环境。"在 1980 年致股东的信中他再一次强调："**当一个赫赫有名的经营者遇到一个逐渐没落的夕阳产业时，声誉不变的往往是那个虚弱的产业。**"

这就是巴菲特著名的"划船论"：你上了哪一条船远比你划船划得多有效率更重要。当你碰到一艘总是会漏水的破船，与其不断白费力气地去补破洞，还不如把精力放在如何换条好船上！

2003 年的雷军非常遗憾，他没有早一点儿领悟到巴菲特的"划船论"，他感慨道："金山在 20 世纪 90 年代还很火，1999 年互联网大潮起来的时候，我们却忙着做 WPS（Word Processing System，文字编辑系统），忙着对抗微软，无暇顾及其他。到 2003 年时，我们再环顾四周，发现我们远远落后了。作为 CEO，我每天都在想，是什么地方出问题了，是团队不够好，是技术不行，还是我不够勤奋？"

雷军是中关村 IT 领域的元老，早在他担任金山公司总经理之时，马化腾、丁磊等人刚从学校毕业，李彦宏还在美国念书，马云为筹办中国黄页还在北京到处碰壁。后来居上的马云、马化腾和丁磊深深激发了雷军战略复盘的决心！

雷军的战略复盘沉淀为两句话：**不以运营上的勤奋掩盖战略上的懒惰；不要逆势而动，找到风口，要顺势而为！**战略复盘之后的雷军在 2010 年 4 月创办了小米手机，进军移动互联网领域，开始乘势而上，仅仅不到 5 年，小米手机在 2015 年的销量就超

7 000 万台，进入手机行业的第一阵营！

巴菲特的"划船论"也启发了红杉这家投资公司。红杉资本的投资理念是"**下注于赛道，而非赛手**"，通过对行业趋势的前瞻性判断，选择最有前途和投资机会最好的领域去投资，买下最好的赛道。比如，红杉中国自 2007 年就开始布局电子商务，覆盖范围包括阿里巴巴、京东、唯品会、聚美优品和美丽说。

巴菲特在 1977 年致股东的信中阐释了"产业选择"的重要性，之后不久，哈佛大学一名年仅 32 岁的年轻教授对巴菲特命题完成了深入而系统的思考。到底是什么因素决定了有的行业是利润的绿洲，而有的行业却是利润的沙漠？这位年轻的教授于 1979 年在《哈佛商业评论》上发表了他的系统思考成果——《塑造战略的五种力量》一文。

此人就是哈佛商学院著名的战略大师迈克尔·波特，"产业五力模型"就此诞生，拉开了"以产业思维制定战略"的序幕。建立产业思维和产业认知，已经是高管层的基本功和必修课。如果这堂必修课没上好，这个基本功不过硬，企业制定战略时必然会茫然无措或误打乱撞。

塑造战略的五大力量

在迈克尔·波特看来，不同行业的盈利差别以及同一行业的盈利能力发生变化，都是由这 5 种力量驱动的。尽管气候变化、政府政策、经济周期都会在短期内影响一个行业的盈利能力，但是这 5 种力量却是决定一个行业长期获利能力的基础性力量和结构性因素。

• 新进入者威胁。新进入者总会带来新的产能、创新或低价，分割现有行业的"利润池"，甚至完全将其颠覆。苹果突然在手机行业推出了革命性的 iPhone，把原来属于诺基亚、爱立信的利润切割完毕。这股力量对整个行业盈利能力的削弱程度，取决于其进入壁垒的高低和预期的抱负。英特尔通过技术专利、产品快速更新和强大的抱负威慑并阻挡着新进入者进入芯片这个行业。爱彼迎通过互联网平台战略进入传统的酒店行业，从一个被忽视的利基市场切入。这是悄悄进村的方式，也是很多"破坏式创新者"的常用手法。

• 供应商定价权。在计算机操作系统行业，微软几乎就是"赢家通吃"。它掌控着定价权，就如同在计算机行业的利润池里装了一个抽水机！阿里巴巴在电子商务里处于寡头垄断地位，可以将成本轻松地转嫁给那些开网店的小商家，因此阿里巴巴的毛利率高达 68%。在黑电行业，面板、芯片等核心技术在上游的日韩供应商手中。这些供应商掌控定价权和利润抽水机，同时他们从背投、液晶到平板持续不断地创新，推动黑电企业快速实现产品更新换代。成本波动大、存货贬值快，导致这些企业的赢利能力不堪一击。反观白电行业，冰箱和空调所用的核心部件——压缩机都掌握在美的和格力的手中，同时其技术更新周期缓慢，因此具有稳定的赢利能力。

• 客户定价权。客户可选项的多少、价格敏感度的高低及转换成本的大小都左右着客户进行利润拔河的能力和意愿。散客和旅行社等客户群体的选择范围广，同时价格敏感度高，再加上没有什么转换成本，因此，航空公司不得不经常打价格战以留住客户。同时，航空公司又无法把来自客户端的利润压力转移至上游供应商，因为无论是机场还是飞机制造商，都是垄断性行业，这些上游供应商具有超强的定价权。相对而言，饮料企业就幸福得多，它们可以把来自终端客户的利润压力转移给上游的包装材料供应商。因为它们可以威慑包装材料供应商，如果不降低价格，饮料公司就更换供应商或者自己生产包装材料。这就是一场典型的"利润拔河"比赛。

• 替代者威胁。在互联网的推动下，跨界打劫的替代者无处不在：携程切割了传统的机票代理公司的利润源，微信已经把中国移动利润丰厚的短信业务打劫一空，以特斯拉为代表的电动新能源汽车正在一步步切割传统汽车的市场份额。因此，战略制定者不应该把战略视野圈于本行业，应该特别留意其他行业的技术创新、商业模式创新，因为这些创新有可能催生出更多的"跨界打劫者"。

• 现有竞争者之间的对抗程度。竞争对手之间的对抗会削减整个行业的利润池。当竞争者数量众多、规模和实力旗鼓相当，同时退出壁垒率很高时，竞争者很难做到和平共处，价格战或产品功能升级战会持续不断。如果竞争集中在价格上，行业整体的利润池会很快流失，从本行业转移到下游客户行业中。行业机遇窗口期很短、产品具有易逝性或迭代周期很短、固定成本高昂等，这些都有可能驱动行业之间的竞争对手之间发起激烈的战略对抗。

制定企业战略，你一定要有战略视野，站得高、看得远！站得高，就是要站在整个产业结构的高度审视本企业的战略机会点和战略定位；看得远，就是要能够看到整个产业结构未来演进的趋势及关键驱动力，未雨绸缪、提前布局！

以产业思维进行战略取舍

正如"女怕嫁错郎，男怕入错行"一样，经营企业也是如此。有的行业是利润的沙漠，有的行业是利润的绿洲。好的战略家会精心选择行业或市场，在利润绿洲的战场上进行战略布局。

从 1990 年到 2010 年，根据标准普尔对美国证券交易所所有上市公司的研究表明，烟草行业每年的 ROE（平均股东权益回报率）是 36.1%。让人出乎意料的是，蔬菜瓜果行业的平均 ROE 仅次于烟草行业，为 27.5%；电脑行业低得可怜，平均 ROE 为 6%；比较惨的是航空业，这个行业的平均 ROE 为 –10%。在战略罗盘研讨会上，尽管很多学员都知道不同行业的盈利是有差别的，但差距如此之大还是让大家感到非常意外。

在同一个行业的细分子行业里，差异有时候也非常大，比如，家电行业的白电行业（空调和冰箱等）的盈利能力和市盈率要远远高于黑电行业（电视和音箱等）。从家电行业 2017 年一季度的财务报告中可以看出，以海信、TCL、长虹为代表的黑电三大家族，整体盈利能力比不上以海尔、美的、格力为代表的白电三大家族。其中，海信电器净利润为 2.69 亿元，TCL 多媒体净利润为 7 081 万元，四川长虹净利润为 3 300 万元。同期，美的集团的净利润为 43.5 亿元，格力电器净利润为 40.15 亿元，青岛海尔净利润为 17.4 亿元，三家白电企业合计净利润为 101 亿元。这 3 家白电企业的盈利能力，相当于 3 家黑电企业净利润的 30 倍以上。

通用电气的杰克·韦尔奇对巴菲特的忠告和波特的研究深信不疑，当他任 CEO 接手通用电气时，他首先卖掉了价值 110 亿美元的 200 多个事业部，再用这笔钱买下了 370 多家公司。他为什么这样做呢？因为他想退出那些不好的行业，他说："我不喜欢半导体行业，因为这个行业周期循环太明显，更新速度太快，需要太多资金。行业内有好多家实力非常强的企业，但只有那么一两家公司能够赚钱。退出这个行业，我们就可以把资金投入到诸如医疗设备、能源系统等行业。"

很多人都不理解他的想法，就给他封了一个绰号"中子弹杰克"。韦尔奇坚定不移地推动产业结构优化调整，关停并辗转了 153 个领域，他卸任的时候通用电气只剩下 13 个产业领域，一个百年企业就此重焕生机。这使得通用电气成为 1895 年以来道琼斯指数唯一没有消失成份指数的公司。

诸多的战略实践也一再证明，企业的命运系于产业。企业很多致命性的问题，从企业自身看往往无解，必须从产业层面上寻找出路。任何高管层都需要成为一个产业思考者，抽出时间来处理战略性命题。

- 进入什么好行业／利润绿洲，退出什么坏行业／利润沙漠，如何优化本企业的产业布局？
- 如何洞悉产业结构变化的趋势及其背后的关键驱动力？
- 如何改变游戏规则重构行业结构，以重新分配利润流向或者扩大行业整体利润池？

坏行业中的好战略，好行业中的坏战略

在哈佛商学院一个为期 3 年的企业家培养项目中，蒙哥马利教授在开篇就给我们讲了一个经典案例。马斯克公司开创了连续 29 年盈利增长的纪录，生产水龙头、厨房和浴室设备，以及各种各样的门锁。该公司握有大笔现金，富有极强的运营管理能力，决定进军家具行业。

家具行业暮气沉沉、运营效率低下，他们觉得这是个机会，开始资本并购，然后改善运营释放利润，一举成为家具行业的产业整合者。马斯克公司行动力极强，在短短 3 年内，花掉 15 亿美元买下了 10 家公司，又投资了 2.5 亿美元协助这些公司升级设备、改善运营环境和强化品牌营销。

令人遗憾的是，马斯克公司的净收益衰退了 30%。经过多

年挣扎，马斯克公司最终宣布退出家具行业，并将该部门整体出售，最终亏损了 6.5 亿美元。尘埃落定以后，该公司 CEO 承认："进入家具行业这个决定，大概是我 35 年来做过的最差劲的战略决策。"

其实，并不是只有马斯克一家公司陷入了家具行业的泥潭。据蒙哥马利教授研究，联合食品、伯灵顿工业等 11 家优秀的公司都曾经进入过家具行业，但最终铩羽而归。

这个案例进一步告诉我们产业五大力量的基础性、结构性和强大性。巴菲特希望我们不要像堂吉诃德那样去对抗大风车，不要试图去改变"坏行业"，而应该换个"好赛道"。

但是，迈克尔·波特教授还是给了我们一些希望和信心：在坏行业里，依然可以制定出好战略。

在美国家具行业这个"坏行业"里，宜家家居也设计出了"好战略"。它的目标客户是年轻消费者，他们想要低价但有格调的家具。宜家不以品类来划分产品展示，而是以生活方式和生活场景来展示产品，这样既提高了销售机会，也大大降低了销售人员和销售费用。宜家还创新了平装组合家具，顾客自己就可以从仓库挑选家具，并自己运回家，这样就节约了大量的运货及家具安装成本。

坏行业中的"好战略"的确凤毛麟角，但是好行业中的"坏战略"却是数不胜数！ 2016 年 4 月，曾经市值高达 1 280 亿美元的雅虎第一个找到了互联网商业模式，宣布只要有人出价 40 亿~80 亿美元，就愿意被收购。

互联网在过去 20 年几乎都是"好行业"，但是雅虎却设计出了"坏战略"：2006 年，在雅虎内部的一次高管会议中，所有高管被要求用一个词来定义谷歌、易贝等互联网公司，大家用"搜索"定义谷歌，用"拍卖"定义易贝。雅虎高管在定义自己的公司时出现了分歧，大家当时提到的词汇包括"电子邮件""新闻""搜索"等。在过去的 20 年间，雅虎先后更换了 6 任 CEO，这进一步强化了战略定位的模糊性，让公司在科技行业和媒体行业之间不断摇摆。这种战略摇摆也让雅虎错过了搜索、社交媒体和移动互联网等战略机会点。

读到这里，你需要快速判断一下，**你的企业或者某一项具体的业务目前处于什么局面：好行业中的坏战略，还是坏行业中的好战略？最悲催的局面无外乎是"坏行业中的坏战略"，最幸福的局面当然是"好行业中的好战略"！**

同时，行业的好坏也是动态变化的。富士身处的照片胶卷行业，曾是一个毛利率高达 90% 的"五星行业"，但是这个行业被强大的替代者冲击，变成了惨淡的"无星行业"。可喜的是，富士高管层预料到了行业结构的变化，迅速启动了战略转型：尽可能从胶卷业务中抽出资金，为转型到数字化做足准备，并进入到了化妆品和医药等新的"五星行业"。

好战略的标准：外部一致性

确立战略定位的时候，你需要审视整个产业结构，针对竞争力量建立防御工事，或者发现行业内竞争力量最薄弱的位置。这就是战略定位的"外部一致性"：**有效利用产业机遇，有效回避或削弱过于强大的力量，将你的劣势转换为相对于其他产业力量的优势。**

比如全球著名的重卡公司帕卡，这家公司通过波特五力模型审视了一下整个行业结构，发现"买方议价能力"太强大了！因为这些买方都是大型租赁公司和大型物流公司，大订单采购让它们的利润拔河能力超强。同时，重卡行业战略同质化程度很高，整个行业的价格竞争异常激烈。

帕卡公司具有非常高的战略智慧，它们决定避开锋芒，找到产业结构中较为薄弱的部分，以此避开强大的买方议价能力和价格竞争。帕卡决定把战略定位锁定到富有的个体经营者，这些卡车司机拥有自己的客车，直接与托运人签订运输协议，或者成为大型物流公司的分包人。这个群体对价格也不太敏感，卡车对于他们是一项事业的投资，他们与卡车感情深厚，在经济上也依赖它们，同时，其他卡车比帕卡卡车转售价值更高。

基于此，帕卡开始打造"重卡中的凯迪拉克"，其基本售价为 8 万~12 万美元。这些卡车有豪华的卧舱，让卡车司机有一个可以拉货的"移动房车"，顾客可以私人定制，把自己的个性化签名印在卡车上。在停车场，帕卡重卡被认为是地位的象征，真人电影版《变形金刚》中的擎天柱就以帕卡公司的 Peterbilt389 型车头为蓝本。这样的战略定位让帕卡在过去 20 年间成长为世界卡车行业中的第二大企业，其平均净资产收益率为 16%，远远高于同行业的平均水平 12%。

如果战略定位不具有"外部一致性",战略就会失败。我们来看一下淘宝和易贝的中国大战。美国的易贝在欧洲取得了极大的成功,它开始信誓旦旦地进入中国。为此,易贝推出了更强的战略举措,希望通过在 2003 年 6 月收购易趣网以更快的速度进入中国市场,并赋予团队更大的自由度进行经营。易贝向中国买家收取最多 3 元的商品展示费以及不超过商品价值 2% 的交易费。这对刚刚成立一个月的淘宝(2003 年 5 月成立)来说压力非常大,因为要面对一个强大的国际巨头。

易贝的"战 + 略"矩阵是:C2C(个人与个人之间的电子商务模式)收费,针对二手品;淘宝的"战 + 略"矩阵与之相反:B2C(商对客电子的商务模式)免费,针对新商品。

淘宝的战略定位的确符合中国的产业环境:卖家往往是个人创业者,他们更喜欢出售新商品,买家也喜欢新商品而不是二手货;卖家喜欢免费的服务,不想付产品展示费和交易费等。但是,不收费如何解决交易之间的信任问题呢?特别是在中国整体信任度比较低的商业环境中。

为此,淘宝在 2004 年推出了"支付宝",克服了交易之间的信任问题,彻底解决了卖家和买家之间的结算风险问题。"支付宝"这一运营环节的优化快速确立了淘宝的竞争优势。最终的结局是,2006 年底,易贝不得不迅速罢手,关闭网站,退出中国市场。

行业护城河：高增长行业里有很多战略悲剧

现实生活中一个常见的误区就是认为快速增长的行业就是"好行业"。人们往往只关注表面的行业增长率，而没有透析行业深层次的结构，这是很多企业做出错误战略决策的主要原因之一。比如，曾经的个人电脑行业增长很快，但一直都是盈利能力很低的行业之一，个人电脑制造商在"利润拔河"中并没有战胜英特尔和微软。

在个人电脑行业快速成长期，行业领头羊 IBM 也没有在这项业务上赚到太多利润。今天，在个人电脑行业的成熟期和衰退期，即使像联想电脑这个全球最大的个人电脑制造商，竟然也处于破产的边缘。这就是产业结构魔法般的威力。

IBM 一直是个人电脑领域的领头羊，但是自 1994 年之后，其个人电脑销售额就不断下滑，亏损有增无减。1998 年，个人电脑业务的亏损达到了 9.92 亿美元；2004 年，个人电脑业务收入约占 IBM 总业务收入的 10%，已不再是 IBM 的核心业务。**战略就是这样，造成当下困境的原因往往不在当下。你需要翻开历史，从过往的战略决策中寻找原因。**

20 世纪 80 年代初，在个人电脑行业的发展初期，IBM 做出了一个重大的决定：将旗下的操作系统和微处理器芯片业务全部外包出去。通过实行开放式架构，个人电脑开始标准化，IBM 推动了以价格为基础的竞争，整个电脑产业从过去的纵向分布转向了现在的横向分布。纵向的产业分布是指，计算机公司自己生产芯片，开发自己的操作系统和应用系统；横向分布是指，计算机公司不再生产自己的成套装置，芯片有专业的芯片供应商，操作系统有专业的操作系统供应商。

战略灾难随即降临，整个行业的进入门槛大大降低，任何一个企业都可以通过"快速组装"进入这个行业，中关村到处都是"攒电脑"的新进入者。产业结构的"利润流向"开始偏移，英特尔和微软抢走了电脑产业中大部分的利润池。

很多人喜欢高速增长的行业，但是如果这个行业的进入门槛很低的话，更多的是战略悲剧！如果行业护城河窄而浅，进入门槛很低，同时城内满是金银财宝（高增长、高估值、未来盈利预期极高），只能有一个结果：各路人马都攻入城中！供给无限增加导致更多的无序竞争，最后谁也赚不到钱！

从过去高速增长的个人电脑时代，到今天的智能手机时代，都是如此。由于安卓系统的开放及整个外包制造体系的成熟，这个行业的进入门槛大大降低。除了苹果手机之外，目前的局面是竞争者多，赚钱的少！**高增长必须有高门槛（核心技术、品牌、渠道、规模、资质牌照等）为后盾，否则易引来恶性竞争。**

IBM作为行业领先者，需要站在产业的高度，对完善行业结构负有责任。但是IBM并没有做到这一点，它的战略举动虽然有助于IBM在短期内快速赢得市场份额，但是从长期看却削弱了个人电脑的行业结构，让整个行业的护城河消失殆尽，IBM自己也开始品尝苦果，身陷泥潭。

在汽车行业，大型汽车制造商吸取了电脑行业的教训，他们不会仅仅使用一家零部件供应商，他们也强烈反对供应商的贴标行为，更不用说为供应商做品牌推广了。直到今天，很少有汽车零部件供应商是家喻户晓的知名品牌。行业的利润流向并没有上移至零配件生产方，也没有下移到售后服务方，而是仍在大型汽车制造商手中。

因此，任何一个行业里处于领先地位的企业，在制定战略时都应该反复斟酌，它们正在推动的某些战略举措，从长远来看，是否会削弱整个行业的护城河，导致利润流向发生转移？同时，也需要反复思考如何减少流失到供应商、买方和替代品的利润份额，以及如何提高战略威慑，狙击潜在的进入者，包括持续提升整个行业的进入门槛和加固护城河。

加固行业护城河：沿着产业演进曲线上行

纵观整个产业演进史，所有的产业都是从分散走向集中的。整个过程就是大者恒大的过程，是行业领先者持续提升产业集中度，做大规模，提高行业进入门槛的过程！

通常而言，一个行业需要 20~25 年时间并经历四大阶段，才能完成其整合进程。在今天的互联网时代，很多新兴行业，如共享出行行业（滴滴、优步）、P2P 互联网金融行业（你我贷、宜人贷）走完这 4 个阶段只需要 5~10 年。

- 起步阶段是行业集中的第一个阶段，分散的市场中充斥着各种规模的参与者。通常，最大的三家公司只能占领 10%~30% 的市场份额。

• 在规模化阶段，产业的分散度开始降低，规模开始显示其重要性，此时此刻"规模就是最好的品牌"。市场的增长驱动着领先公司高速扩张，以获得规模经济效应。为了加速这一进程，聪明的公司开始借力并购，在最重要的细分市场中俘获最主要的竞争对手。这一阶段通常需要持续约 5 年的时间，直到最大的三家厂商的市场份额总和达到 30%~45%。

• 经过规模阶段之后，最大的三家厂商的市场占有率通常能达到 45%，此时它们开始努力巩固来之不易的市场地位。由于过去扩张太快，公司净资产收益率有所下降或者负债太高，领先公司开始进行业务组合优化，剥离非核心业务，以核心业务的核心竞争力提升市值。在该阶段，产业内的游戏规则基本建立起来，公司的目标是要成为该产业中全球少数几个巨型企业之一，领导者致力于成为世界级企业和取得无可争议的市场领导地位。

• 当合并潮流即将结束的时候，最大的三家市场参与者将拥有 70%~80% 的市场份额。此时，由于行业已经充分整合，大型兼并不再是重要的产业特征。争夺最大市场份额的战斗就此结束，许多过去的竞争者要么变成了家族一员或母公司的一部分，要么变成了地位同等的合作伙伴。

作为公司的战略指挥官，你需要深刻认识到：**产业整合是必**

然的，是不可避免的；未来所有的产业都是全球性的；长期的成功依赖于顺着产业演进曲线上行。 如果你的战略意图是要成为产业的领导者，你必须深入思考以下问题。

- 认清公司所处行业在哪个产业演进阶段。

- 站在全球范围，扫描式地筛选和评价可能的兼并对象。

- 从终局看布局，判断成为本行业的最后赢家需要哪些关键性的因素。

- 思考如何加速增长，以使公司走在整个行业的前列。

- 草拟成为产业最后赢家的公司发展战略。

3G 资本的创始人雷曼拥有非常强大的产业整合思维。1989年，他带领团队收购了巴西本土最大的啤酒制造厂商布哈马。10年后，布哈马收购了巴西本土最大的竞争对手，成为巴西的绝对龙头，并一跃成为全球第五大啤酒制造商。在绝对统治南美啤酒业后，3G 资本将收购的目光投向了欧洲，以 110 亿美元的价格并购了全球第三大啤酒制造商——比利时的英特布鲁。并购完成后，3G 掌控的英博啤酒集团年收入达到 140 亿美元。2008 年，英博集团利用经济杠杆以 520 亿美元并购百威啤酒，年销售额达到 364 亿美元，市场份额达到 20%，成为当之无愧的全球第一。

此时的 3G 资本已经沿着产业整合曲线前行到了第三阶段，但是 3G 资本并没有停下步伐，2015 年又收购了啤酒行业中全球第二的 SABMiller，使其全球啤酒市场份额占有率高达 30.4%。3G 资本在收购行业龙头企业后，植入管理文化并大力缩减成本，控制一切不合理的成本支出。在并购百威啤酒后，迅速撤销了美国公司 1 400 个职位，空出的高管职位被 3G 资本其他企业的年轻精英填补。通过植入强有力的管理文化，3G 资本大幅改善了并购后的财务状况。

认知升级：从产业思维到生态思维

1879 年爱迪生宣布："我们会让电价便宜到只有富人才愿意点蜡烛。"为了让电灯泡走进寻常百姓家，他建立了第一座发电站。不到 5 年时间，在爱迪生巨型发电机等发明的支持下，爱迪生配电网就覆盖了 120 多家发电站。

看到这个商业故事，我们可以发现 100 年后的特斯拉创始人马斯克也是如此。为了让顾客更方便地使用特斯拉电动汽车，马斯克必须要创建更好的电池板（延长电池使用时间）、充电桩（更快的充电）和充电桩网络（随时随地可以充到电）。

早年的爱迪生和今天的马斯克一样，他们都是在塑造整个生态系统！如果整个生态不能发育出来，电灯泡和特斯拉汽车的销售必然大打折扣！

任何一个企业都生存在一个生态系统之中，包括苹果手机、滴滴打车和路边的小饭馆。苹果手机有自己的各种供应商、销售网络、顾客、iTunes（苹果音乐软件）中的各式音乐，还有 APP 商店中五花八门的应用程序，这些构成了一个商业生态系统。

早在 2006 年，就有一家手机公司制定了这样的新战略：互联网与手机的未来必将融合在一起，我们的战略目标就是要成为一家"融合互联网和移动性"的新手机公司！这家公司非常具有创新性，在 2000 年就设计出了一款只有一个按键的触屏智能手机！为了落地新战略，2007 年，该公司推出了手机应用商店 Ovi Store（诺基亚应用商店），比苹果软件商店早了 1 年！

这家公司就是诺基亚。苹果手机所做的大部分创新诺基亚几乎都做了！那么，诺基亚究竟为什么从先驱变成了"先烈"？其中的重要原因就是，诺基亚无法激发整个商业生态系统：在手机从"旧时代"向"新时代"迈进的战略转折点上，生态系统的繁荣程度是关键的制胜要素！

2010 年，诺基亚终于集合全力发布了配备一流的智能手机 N8，但此时诺基亚已经无法吸引广大应用开发者支持其塞班操作系统，陷入了空有一流硬件却没有一流应用的窘境。

"好战略"不应该仅仅"以行业为基础"，还应该是"以生态为基础"，开启广角镜，审视整个生态。竞争不再是一个公司与另一个公司之间的对抗，而是一个生态圈和另一个生态圈之间的竞争。

生态思维本身就是要跳出行业边界，站在"既定行业"之上的系统层面来设计战略。战略问题不可能在其发生的层面被解决，而总是需要提升到一个更高的层面才能解决。

在互联网、物联网、人工智能等关键因素的驱动下，行业之间的边界正在日益模糊，行业和行业之间的"交叉创新"和跨行业开展跨界打劫的"颠覆性创新"日益增多，现在已经很难定义"腾讯处于什么行业""苹果处于什么行业"。

对于新兴公司而言，在"既定行业"的格局之下，要对抗已经具有领先地位的产业巨头难之又难。跳出"既定行业"之外进行战略设计，往往更能看到"柳暗花明又一村"的战略新天地。

汽车处于什么行业？整整一个世纪，我们都将汽车定义为机械制造行业。从谷歌无人驾驶到特斯拉电动轿车，我们需要重新定义传统的汽车行业，它已经是多产业、多技术的融合行业。谷歌的 WAYMO 汽车公司要生产 20 世纪最好的汽车，它们的使命是通过无人驾驶"开辟汽车新的行驶方式"。谷歌不是以既定观念中的"汽车制造业"来定义汽车行业的，在他们眼中，汽车的本质是传感器、大数据联结的人工智能。

降维打击：寻找竞争的新物种

我们把谷歌的某项具体业务单独拿出来，比如"谷歌无人驾驶"业务，这项业务处于什么行业呢？是汽车制造行业，是交通运输行业，还是人工智能行业？我们发现真的很难定义！传统的行业划分和分类方法无法定义谷歌的"无人驾驶"，因为它是商业生态系统中进化出来的"新物种"！

在自然界的生态系统中，一个新物种需要很长的时间才能诞生。穿山甲要进化出坚固而锋利的铠甲，至少需要几百万年。生物学家把所有生物划分成不同的"物种"，新物种形成的标志是生殖隔离的形成，生物进化的实质是种群基因频率的改变。

《人类简史：从动物到上帝》一书告诉我们，同一物种之间会彼此谈恋爱、交配，能够孕育出下一代。比如，斗牛犬和西班牙猎犬看起来天差地别，却属于同一物种，有一样的 DNA 库，它们很愿意交配。马和驴尽管有着共同的祖先，但不是同一物种。就算刻意让它们交配，产出的下一代非驴非马，而是骡子。于是，我们认定马和驴有各自的进化路径。

我们把大自然界生态系统的物种划分借鉴到企业经营中，也颇有意思和值得深思。**谷歌的无人驾驶汽车和大众的帕萨特汽车是同一个物种吗？尽管它们外形看起来很相似！滴滴打车和传统的出租车公司是同一个物种吗？尽管它们都能满足顾客的同样需求。**

让我们继续追问下去，**传统出租车公司的战略基因、运营基因能够孕育出滴滴打车或者优步吗？** 显然很难，即使传统出租车公司重构创新机制，大力发展创新文化，也肯定孕育不出一个类似滴滴打车的创新业务。

正因为属于不同的物种，滴滴打车和优步这样的新物种才能构建出和传统出租车公司截然不同的商业生态系统。

在生态学中，从同一个祖先演化而来的不同物种，可以归为同一科，如猫科（狮子、猎豹、家猫）。同一科的所有成员，都能追溯到某个祖先。

和"猫科"类似，马车、轿车和特斯拉电动车也属于同一"科"，都是完成人类代步的"车科"。从马车到轿车，大概用了 100 年完成了进化和普及！从轿车到特斯拉电动车，特斯拉仅仅用了不到 10 年就塑造了一个传奇品牌。用 15 年完成进化的新物种，正在颠覆过去用150年构建和完善的传统帝国！未来的新物种"特斯拉"（无人驾驶版）将彻底"降维打击"传统的汽车制造商，同时将会颠覆汽车保险行业，甚至酒店行业和航空业。

"降维打击"源于中国科幻作家刘慈欣的小说《三体》，其含义是战略思维和竞争手段不在同一个层次的战斗。比如，奇虎360以免费降维打击了传统靠收软件费用赚钱的同行；微信以免费、社交和卓越体验降维打击了传统电信运营商。

与自然生态系统的漫长进化不同，商业生态系统的新物种可谓层出不穷：特斯拉电动车、谷歌无人驾驶、会飞的汽车、胶囊列车等。为什么会这样层出不穷？因为商业生态系统的进化过程可以通过"新兴技术"进行基因突变和生物合成，这些新技术包括互联网、物联网、新能源、云计算、量子通讯、人工智能、生物基因重组、星球移民等。

如果你是一家出租车汽车公司的负责人，面对滴滴打车和优步，你会如何进行战略反击？也许更多的是无奈！此时此刻的境地，我称之为"习得性无助"：陷入困境、失去希望，即使知道如何行动，也无法行动！如何跳出战略上的习得性无助，我们将在下一章论述。

第 6 章
新竞争优势：从战略控制点到生态优势

> 激水之疾，至于漂石者，势也。
>
> ——《孙子兵法·势篇》
>
> 巨人们并不像我们想象的那样，他们身上那些看似为优势的东西经常会变成劣势。
>
> ——格拉德威尔《逆转：以弱胜强的内在逻辑》

通过运营一致性构造竞争优势

好的战略不仅仅要有"外部一致性"，还要有"内部一致性"。如果能够做到这两个"一致性"，你的战略就是一个"好战略"：识势顺势，通过外部一致性获得差异化的战略定位；谋势造势，通过内部一致性获得强大的竞争优势。

企业必须为客户创造出比竞争对手更多的价值，或者以更低的成本创造出和竞争对手一样多的价值，这就是竞争优势的核心

密码。归根结底，企业和企业之间在成本或价格上的所有差异，都是由企业各种各样的运营活动导致的。这些运营环节包括采购零部件、生产组装产品、配送安装调试、构建销售网络等等。迈克尔·波特为我们提出了"价值链"模型，告诉我们以下战略原理。

- 基于战略定位，积极设计价值链的各个环节，推动运营活动能够充分反映战略定位，与战略定位保持匹配上的一致性。

- 在价值链的各个环节，寻求驱动"低成本优势"或"高价值优势"实现的驱动因素，并进行详细评估，推动这些驱动因素更加强劲。

- 在运营中，通过磨合和改进，不断提升价值链各个环节之间的流畅性和相关性，让它们环环相扣，彼此增强。

世界上第二大基金管理公司美国先锋集团的全球资产管理规模高达3.8万亿美元，横跨共同基金和养老投资产品等多个领域，其竞争优势便是低成本。先锋旗下股票基金的平均营运费率约为0.27%，远远低于其他基金公司的水平，同时每年下降3亿美元，那么先锋基金是如何做到这一点的呢？这时就可以借助"价值链模型"来挖掘、寻求各种"降低成本"的机会，这些机会都是竞争优势的源泉，企业一定不能让这些泉眼干涸。

- 在营销环节，先锋基金很少花钱做广告，主要依靠顾客口碑带来新客户。

- 在销售环节，先锋基金取消外包的中间销售商和基金的销售费用，直接发行基金，节省了佣金。

- 在产品环节，大力发展被动投资式基金，注重债券和股权指数基金，将投资组合的交易率降到最低。

- 在人力资源管理环节，不用高薪吸引资金管理人员，甚至一度高管人员不享受头等舱。

- 在服务环节，取消了购买基金时必须支付的销售佣金；为了避免投资者在众多个体基金中盲目孤立地选择，它以庞大的个体基金库为投资标的，通过将产品系列化、细分化满足了投资者的不同需求。

战略是为了获得竞争决胜的"一致行动"，一堆没有内在逻辑、松散堆砌的行动清单并不是战略。这从另一个角度阐述了战略的重要意义：**战略是所有运营活动的最高统领，一切运营活动都要围绕战略展开，支撑战略定位。**如此，你就能够形成强大的竞争优势，可以大幅削减成本或者增加客户感知的高价值，同时能够提高竞争对手的模仿门槛。

盲目对标是对战略的最大伤害

随着竞争的加剧，越来越多的企业开始不断探索，希望能够打造难以模仿的强大竞争优势。一些企业也开始使用"价值链"

模型：首先画出本企业的价值链，然后围绕价值链的各个环节找到标杆企业的最佳实践，开始"对标"，找差距、求改进。

其实，这是一种常见的误区。价值链模型是一个强大的战略制定工具，但在现实中很多企业却把它用作运营改善工具。在当下的管理实践中，"对标"是对战略的最大破坏！我并不完全否认对标的意义，推动运营改善是任何企业在任何时候都要做的，但是这一切都要围绕明确的战略定位开展起来。

在"对标"思潮的推动下，很多高管层开始狭义地理解"竞争优势"，以为所谓的竞争优势就是在某一个运营环节比竞争对手"做得更好"。"做得更好"好像是参与竞争的全部意义所在。

很多公司经常自豪地宣称它们是行业里"最好的"，产品是"最好"的，或者提供的服务是"最好"的。"争做最好综合征"尽管激情四射，但是，却反映出了大家对战略认知上的浅薄和曲解。

如果你想胜出，很显然你应该争做最好。很多人的直觉都认为这是非常正确的道理，但事实并非如此。让我们看一看哈佛商学院关于酒店业床具大战的教学案例。就在威斯汀酒店投入数千万美元推出了酒店业第一张品牌床"天梦之床"不久，它的竞争对手们很快就做出了回应：希尔顿酒店在旗下所有连锁酒店中都推出了"恬静之床"；万豪酒店更是斥资大约 1.9 亿美元，把所有床铺换成了"朝气重拾系列"；凯悦酒店则推出了"凯悦豪华睡床"；皇冠假日酒店则推出了"优质睡眠计划"服务。到了 2006 年，"酒店业床具大战"总算是接近尾声，大家都陷入了博弈论中的"囚徒困境"：大家都在努力做到最好，但是最终的结局却是对每一个人都不利。

在最高优先级之下，价值链不是要和对手比谁做得更好、效率更高，而是要和自身的竞争战略去比，是否和战略定位保持了一致性。既然你的竞争战略是与众不同的，那也注定了价值链运营的各个环节也是与众不同的。因此，你要学会"取舍"，决定在竞争中不做哪些事情。这就意味着如果想在某件事上做得更到位，就只能在另一件事上做得差些。宜家家居通过让顾客自己组装和运输家具来与低成本战略定位保持高度一致，它这方面做得越出色，就越难满足那些需要更多服务的高端顾客。

《孙子兵法》讲："备前则后寡，备后则前寡，备左则右寡，备右则左寡，无所不备，则无所不寡。"这句话其实是告诉我们，我们常常讲的"木桶理论"是在误导你的战略思维。**成功的战略是靠加长最短的木板吗？不是，是靠把最长的木板做得更长。最长木板，是我的强项；最短木板，就是我的弱项，弱项就是弱项，要承认和学会容忍自己有弱项。**

最后，战略大师迈克尔·波特告诉我们，在大多数商业领域，根本没有所谓的"最好"。请你想一下，汽车有最好的吗？超市有最好的吗？比如，沃尔玛数十年来一直是大型超市领域的大赢家，为客户提供"天天低价"；但塔吉特百货也是一大赢家，它吸引着那些既想要低价又渴望优雅的顾客。双方的战略定位，无论是在"在哪竞争"还是"如何取胜"上差异都很大。这两家企业跑在不同的跑道上，但都成了大型超市领域的大赢家。

逆转：以弱胜强的内在逻辑

说到沃尔玛，我们需要想一想沃尔玛为什么能够崛起。"天天低价"正是沃尔玛的竞争优势，但是，"天天低价"说起来容易，做起来却很难，沃尔玛是如何做到的呢?

任何组织都有一个从小到大的发展过程，竞争优势也不是一天能够形成的。卓越的战略家，在组织成长初期处于总体弱势状态的时候，也能够创造出竞争优势，上演"大卫打败巨人歌利亚"的战略传奇。

这是一个《圣经》故事：巨人歌利亚是腓力士将军，带兵进攻以色列军队，他拥有无穷的力量，所有人都不敢应战。牧童大卫发现了歌利亚的一个关键性劣势：他的盔甲没有覆盖前额这个关键部位。大卫充分发挥了他具有灵敏速度和弓射技能的优势，导致歌利亚在体型和力量方面的固有优势毫无用武之地，他用投石弹弓打中歌利亚的前额，割下他的首级，大卫后来统一以色列，成了著名的大卫王。

这是一个典型的处于明显弱势地位一方战胜了处于明显优势地位一方的故事！它告诉我们，**竞争优势总是相对的，战略就是利用己方的相对优势攻击对手的相对劣势，而关于优势和劣势的先入之见往往是错误的。**

战略思维通常意义上就是一种思辨思维，比如很多人都认为这是一项劣势，但具有战略思维的人却认为这是优势，或者你能够很轻松地将劣势转换为优势；同理，很多人都认为的优势，换

个全新的角度来看，其实是劣势。

几乎每个人都知道毛泽东的"农村包围城市"的战略方针，但是这一战略方针背后的战略原理是什么？刘伯承元帅一语中的："毛泽东的战略是以面对点线的战略，而蒋介石的战略是点线对面的战略，我们的面越宽越好，越能包围点线。"

虽然就每块孤立的根据地而言，可能处于国民党军队的包围之中，但是若能把各块根据地联系起来，解放军就可以把对方包围在点线上，这就形成了中国战争独特的"面势"制约"点势"和"线势"的宏伟态势。为了不断强化这样"以面抗点"的比较优势，毛泽东总指示要开辟更多的根据地，并加强各个根据地斗争的互相配合，使之逐步连成一片。

我们再来看看沃尔玛。在大型超市领域，一直有一个根深蒂固的观点："大型超市所在地区至少得有 10 万人口。"的确是这样，不然的话，货品卖给谁呢？刚刚走入创业正轨的沃尔玛，却一直把大型超市开在仅仅拥有 1 万人口的偏远小镇。

其实，沃尔玛并没有突破根深蒂固的传统观点。但是，沃尔玛却突破了对门店的定义，在创始人沃尔顿的眼中，沃尔玛的门店并不是单一门店，而是一群门店，这些单一门店结成了一张网络，以"面势"对抗"点势"，将劣势转换为优势！沃尔玛的战略和毛泽东的谋略是一样的！

长期坚持分散经营并取得巨大成就的凯马特，就像歌利亚看待大卫一样，对沃尔玛不屑一顾：沃尔玛规模没有自己大，开店的位置极差。沃尔玛的劣势是单店规模和门店位置，但是通过整个网络的供应链管理能力，沃尔玛把劣势转化为优势，这如同大卫射出去的小石子一样，对处于优势位置的凯马特产生了极大的战略冲击力。

平台战略：将价值链变成价值网

沃尔玛干掉了曾经第一的凯马特，那么谁又会干掉沃尔玛呢？

2016 年 3 月 31 日，阿里巴巴集团宣布正式成为全球最大的零售体，阿里巴巴旗下的淘宝、天猫用了 13 年的时间就打败了用 54 年将传统商业发展到极致的沃尔玛，一个新零售时代正式开启的！

在军事战略中，无论是防御战还是进攻战，大家都比较喜欢占据高地，高地易守难攻，构成了一种不对称的天然优势。重要的技术变革和商业模式变革，就像地震一样，能够把曾经的高地夷为平地，同时创造出新的高地！

这种变革能够打破现有领先者的竞争优势，为新来者创造出新的优势。淘宝、天猫的极速发展，就是充分利用了互联网技术的变革趋势，乘势而为，基于技术构建出全新的商业模式，催生出了全新的平台战略！

平台战略是连接至少两个特定群体，为他们提供互动机制，满足所有群体的需求，从中盈利的商业模式。世界上实体的销售网络谁能仅用 10 年的时间做到 10 000 亿的年销售规模？唯有打造平台的淘宝，淘宝上有太多的卖家和买家共同构成了一个具有"网络效应"的生态系统。

传统出版社的价值链具有 6 个关键环节：联系作者版权，编辑成书稿，排版、印刷、装订，进入分销渠道，书店终端展示，读者购买阅读。该价值链效率很低，一本书从作者构思写作到读者拿到书籍阅读，一般需要 6~12 个月时间，同时产生很多印制成本。起点中文网通过打造平台，开始颠覆传统出版社的价值链：越来越多的作者把自己的作品直接上传到这个网站上，越来越多的读者能够立即海选阅读，每阅读 1 千字小说费用仅在 0.02 元左右。

平台战略的关键目标是，用好的价值设计吸引双边参与者，激发正确的互动，引起越来越大的网络效应。爱彼迎最初的服务是一张气垫床和一顿早餐，但这既不是旅行者所需的，也非房主希望提供的。其创始团队足足花了 2 年时间才找到如何让个人住房能以双方都满意的价格，向陌生人放开租赁的具体方法。脸书先在小圈子内试水（将哈佛的学生相互连接），之后把平台开放给大学生，最后供所有人使用。

在推动平台战略时，必须深入思考以下关键问题：我们的双边是谁？他们有什么痛点？我们平台的核心价值是什么？如何吸引双边并激发跨边网络效应？如何升级转换成本和管控交易过程？

因此，创建平台的关键是先确保参与者的互动有价值，然后再关注规模扩张和指数型增长。Groupon（曾是美国第一大团购网站）和 LivingSocial（曾是美国第二大团购网站）都是供零售商向消费者贩卖打折产品的平台，然而它们的成功却只是昙花一现。

两家公司都积极扩张，吸引了数百万名用户和数千个零售商，但是一旦零售商意识到，Groupon 和 LivingSocial 的折扣不会引来回头客，就会转移到其他促销网站。结果 Groupon 的市值从 2011 年首次公开募股时的 180 亿美元跌落到今天的不到 20 亿美元。LivingSocial 在 2011 年以 100 亿美元申请首次公开募股到 2014 年年底，其市值已不到 2.5 亿美元，并最终被亚马逊收购。

在产业变革大潮出现时，制定战略的能力就显得弥足珍贵。外生性的技术变革和商业模式变革，提供了弯道超车的机遇，为进攻领先者提供了超级助推力！战略领导者的职责就是尽早洞察出未来变革演进的方向，并充分利用好变革释放的能量，在有可能变成高地的领域集聚资源，饱和攻击，牢牢占据新的战略高地。

生态优势：从战略控制点迈向生态圈

阿里巴巴旗下的淘宝，通过平台战略获得了快速发展，持续繁荣积累起了大量的卖方和买方，它们之间的交易记录、支付信息、物流过程、信用数据、行为数据都成了阿里巴巴的大数据资产。

基于此，阿里巴巴从"淘宝"这一枢纽出发，衍生出了支付宝、余额宝、阿里云、阿里广告、菜鸟物流、阿里小贷、芝麻信用、蚂蚁金服等，信息流、物流和资金流全部被打通和融合，诸多业务之间产生了极大的协同效用，相互激发、彼此借力、互生共生，形成了阿里巴巴极其强大的生态圈。

　　传统上我们讲竞争优势，经常聚焦于企业内部所能掌控的"战略控制点"。在战略工作坊，我经常带领企业高层做一个讨论题：得（　）者得天下！

　　构建竞争优势，不妨做一道填空题，用一个词来概括这个行业的战略控制点是什么，在哪里。例如，制造业是得规模者得天下，战略咨询行业是得合伙人者得天下，大宗商品销售行业是得资源者得天下。

　　同一行业在不同发展阶段的战略控制点也是不同的。例如，整个手机行业的战略控制点是不断位移的：技术（摩托罗拉时代）、品牌和规模（诺基亚时代）、成本（TCL 等中国品牌快速崛起）、智能手机（苹果时代）、智能手机普及后的成本（OPPO 等中国品牌再次崛起）。

　　战略控制点多种多样：20% 的成本优势（富士康制造）、独特资源（戴梦得的钻石矿品）、品质或技术领先（格力空调）、专利技术（辉瑞万艾可）、技术领先一步（英特尔）、强大的品牌文化（迪士尼）、牢固的客户关系（华为全面解决方案）、赢家通吃的市场份额（微信和滴滴）、产业链（中粮）、拥有标准（高通和ARM）等等。每一种战略控制点都有助于公司保有自己的利润池，并防止利润池被竞争对手和客户力量侵蚀掉。

　　战略控制点很重要，但是其思维局限于企业内部。**竞争优势不仅仅来源于内部价值链活动的优化和资源能力的积累，还可以来源于对外部资源的有效利用，这种优势被称为"生态优势"。**

　　与内生的战略控制点不同，生态优势强调"外部关系"，不追求"为我所有",而是"为我所用":腾讯并不拥有微信平台上公众号的所有权,但是公众号文章的阅读量会推动微信平台的繁荣;苹果公司通过苹果软件商店构建了一个庞大的生态系统,聚集了大量的应用软件开发者,应用程序从最初的 500 款增长到 200 多万款,应用的下载次数高达 1300 亿次。

阿里巴巴所打造的生态圈可谓是最强大的"竞争优势"。这个生态圈犹如马云经常谈论的"太极"哲学,阴阳互生,虚实相宜,在整合统一中生生不息。在阿里生态圈之内,各个企业往往占据枢纽位置,不是各自为战,而是协同共生,又互为犄角之势以抵抗外来势力进犯,同时还可以快速进攻,形成一个强大的竞争护城河和庞大的联合舰队。

哈佛大学著名教授钱德勒在其著作《规模与范围:工业资本主义的原动力》中告诉我们,工业时代的主要驱动力就是规模经济和范围经济。"规模经济"就是通过大规模生产提高生产效率,降低成本,甚至产生垄断来获得市场。"范围经济"即由厂商的范围而非规模带来的经济,它同时生产两种产品的费用低于分别生产每种产品所需成本的总和。简言之,**规模经济就是在战略上做大,范围经济就是在战略上做多,这是很多公司的战略逻辑。**

从工业时代到互联网时代,竞争优势的源泉也从规模经济、范围经济过渡到"网络经济":只有一名用户的网络是毫无价值的,随着用户数量的增加,所有用户都可能从网络规模的扩大中获得更大的价值,网络的价值呈几何级数增长。

从阿里巴巴到腾讯,从谷歌到苹果,无一例外都在构建它们的生态优势，打造生态圈战略！正如马云所言，"我们是一家通过持续推动技术进步，不断拓展商业边界的企业……互联网给了我们一个千年一遇的机会，让我们能在中国建立一个全新的商业生态系统……这个复杂的生态系统注定不会呈现简单的商业模式。同样，因为我们的复杂系统，也让竞争者不能轻易模仿。"

为何生态圈战略会如此受这些大型企业的重视，因为**生态圈战略具备了规模经济（用户基数）、范围经济（协同互生的多元化业务组合）和网络经济（平台战略所激发的双边用户呈指数增长）的三重优势叠加**！

实现指数型增长的"杠杆资产"

很多人难免会有这样的疑问，生态优势战略是不是大公司的专利战略？毕竟大部分论述生态战略的成功案例都是关于苹果手机、阿里巴巴等大型公司的。其实这是一个误解，**生态战略并不是大型公司的专属，也是中小公司寻求战略性崛起的制胜法宝**。

生态战略多种多样，主要有以下类型：集中型生态圈、开源型生态圈和社区型生态圈。

- 集中型生态圈的典型代表就是英特尔、微软等企业主导的生态圈，这类生态圈的典型特征是：存在一个或两个规模大、实力强的核心企业，占有整个生态圈绝大部分利润，比如微软和英特尔就组成了"WinTel"联盟。集中型生态圈不鼓励多样性，就好像紫红色的千屈菜，最初被引入北美洲是为了增加植被的色彩，结果它使大片的土地都变成了紫色。

• 开源型生态圈可以用一句话来形容："失败者建立的是有围墙的花园，成功者建立的是公共的场所。"开源型生态圈是用户创新、大众创新、协同创新的集大成者。安卓就是这一典型，它不仅仅在智能手机领域免费开源，微波炉、洗衣机、智能家居等产品也开始被"爱彼迎化"。特斯拉也正在努力打造开源型生态圈，2014年6月特斯拉宣布将与同行分享其所有技术专利。因为马斯克非常清楚，特斯拉真正的竞争对手不是其他品牌的电动汽车，而是每天如滔滔洪水般出厂的燃烧着汽油的汽车。

• 集中型生态圈偏于封闭，开源型生态圈过于开放，两者各有利弊，而社区型生态圈居于中间。ARM是社区型生态圈的典型，它完全是一家轻资产公司，从没生产过一颗芯片，其背后的生态圈却非常大：全世界每卖出一部智能手机，里面就有5~6颗芯片使用ARM专利。ARM在订立了专利的共同标准、共同模式以后，又把创新的自主权交给了生态社区里面的公司，从而充分保证了客户的自主性和可控性。**ARM的案例生动地告诉我们，生态战略非常适合快速增长的中小公司，而绝非大型公司的战略专利。**

阿基米德曾经讲过，给我一个足够长的杠杆和一个足够牢固的支点，我可以撬动地球。充满智慧的战略设计，就是要找到这个杠杆和支点！**通过有效的生态战略设计，很多外部资源就能成为你的"杠杆资产"！**

诺基亚曾斥资 81 亿美元收购了 Navteq（该公司是道路交通传感器行业的主导者），通过该公司诺基亚可以进入地图定位领域，控制移动及了解本地在线信息。同期，来自以色列的 Waze 公司创立，与 Navteq 公司大量投资于道路交通传感器硬件不同，Waze 找到了广泛而有效的"杠杆资产"：利用用户手机上的 GPS 传感器来获取交通和位置信息。

在短短两年时间内，Waze 的数据量就赶上了 Navteq 的数据量，4 年之后，Waze 的数据量更是达到了对手的 10 倍。更为巧妙的是，Waze 既无基础设施，亦无硬件，员工也不足 100 人，2013 年 6 月，谷歌以 11 亿美元买下了 Waze。

Waze 与 Navteq 的案例放在一起，反映了两家公司在对待"拥有资产"这一概念上的根本差异：Navteq 的增长速度受制于大量资产的投入和资本支出，仅仅能够实现资产投入驱动的线性增长；而 Waze 是借用了"并不拥有的资产"，充分利用了本就安装在用户智能手机上的 GPS，实现了指数型增长。

Waze 和 ARM 的案例告诉我们，从生态圈战略的本质上讲，它天然更适合快速成长的小公司。与大公司相比，小公司"资源不充足"的情境更为强烈。在这种情况下，小公司在战略上就迫切需要借力，借助"杠杆资产"实现跨越性成长，在 5 年内实现至少 10 倍的指数级增长。

基于生态战略视角，致胜的关键不是你自己拥有多少资源与

能力，而是你能关联、连接、交互、集聚多少资源与能力，进入什么样的能量级轨道，联结多大的能量场。

大公司死于自我和封闭，小公司活于协作和开放。对于很多企业而言，管理合作比管理竞争更重要，赢得未来的关键，不取决于你消灭了谁，而取决于你团结了谁。通过团结和统一战线，以连接、交互更多的资源，集聚更多的能量，形成战略成长的新势能与发展平台，寻求裂变式与聚变式新增长，打造指数型组织。

第三模块

能力视角：打造落地战略的组织能力

第7章
跨越战略和实施间的鸿沟

第一次鸦片战争注定要失败的，因为开战前，整个广州都在说："皇上要和洋人开战了！"

——教授　金一南

公司"说的战略"和"做的战略"经常差异很大，因为资源配置不一致，而高管层的时间精力是最大的资源错配。

——英特尔创始人　格鲁夫

董事长"宣讲的战略"和员工"行动的战略"

我们需要把战略区分为两类：一是董事长"宣讲的战略"，二是员工"行动的战略"。"宣讲的战略"是指公司以书面形式所正式表述的战略，这个战略往往会在公司内部进行反复宣讲；"行动的战略"是指公司员工在实际工作所使用或所体现的战略，这种战略并没有明确的书面表达，往往隐含在公司企业文化和业务流程中，只有通过观察员工们的实际行为才能够推断出来。

有意思的是，"宣讲的战略"和"行动的战略"往往不一致，而且实际上还存在着很大的差距，但人们一般很难意识到这种差距的存在。正如英特尔创始人格鲁夫曾说，**"如果你要了解一家公司的战略，要看他们实际做了什么，别光听他们说了什么"**。

哈佛商学院克莱顿·克里斯坦森教授和我们分享了一个非常有意思的案例：索诺声（SonSite）公司是一家生产手提式超声波诊断仪的医疗设备公司，他们生产的诊断仪很小，有望成为该医疗生态业的革命性产品。

在手提式诊断仪发明之前，专家们只能通过车载超声波系统、CT 扫描或核磁共振成像等大型设备为病人提供更详细的身体检查，但这些设备既大又贵，索诺声手提式超声波诊断仪恰好弥补了这些缺憾。它外型小巧，价格低廉，可以成为小型社区诊所医生和护士的好帮手。

索诺声有两种手提式产品，它的主要产品叫"Titan"，就像笔记本电脑一样大。另外一种叫"iLook"，它比 Titan 的一半还小，更方便携带，功能更简单，价格也只有 Titan 的三分之一。索诺声公司董事长凯文·古德温认为，iLook 产品的前景会非常好，上市才 6 周就已经开发出了 1000 个客户。

因此，索诺声必须再加大投入，如果不能快速攻占市场，其他公司就会很快跟进和模仿，也许会开发出更小巧且便宜的竞争产品来抢占市场，这样索诺声公司也许会从市场的先行者沦为先驱者。董事长古德温非常希望听到来自市场最前端客户的反馈，他决定和公司业绩最好的销售经理一起去拜访客户。

古德温在这次拜访中被上了非常重要的一课。这位销售经理一坐下，就给客户推销 Titan，他甚至没有把掌上超声仪 iLook 从包里拿出来。15 分钟后，古德温有点儿坐不住了，他只好对这位销售经理说："介绍一下 iLook 吧。"古德温催促这位销售经理，但这位销售经理完全没有注意到，他只是继续讲 Titan 的优点。

古德温等了几分钟，几乎以命令的口吻对销售经理说："把那个 iLook 从你包里拿出来！"结果这个销售经理依然置若罔闻。这是怎么回事呢？为什么一家公司的销售经理竟然完全不听董事长的指示？这个销售经理并不是有意要反抗古德温。其实，他是完全按照公司的要求来做的——销售那些能给公司带来高回报的产品。

古德温知道，iLook 对公司长期而言有着巨大的潜力，甚至也许会超过 Titan 取得的成功。但问题在于，销售人员的薪水很大一部分来自提成，奖金高低完全视销售额与毛利而定。卖出一部 Titan 得到的提成，等于销售 5 部 iLook 的提成。

换言之，尽管销售人员的一只耳朵已经听到了来自董事长古德温的清晰指示，但是绩效薪酬体系的指示却更大声地向另一只耳朵吼叫：把时间精力配置到高提成的产品上！

很多企业都在搞 KPI 考核，但是它们却把 KPI 中的"K"（Key，极为重要的，关键的）给丢了，KPI 变成了 PI，以至于 KPI 考核体系将公司的战略引导到了阴沟里！

让资源配置和战略保持高度一致

战略确定下来后，如果你不把资源用在你已经决定的战略方向上，那么你的战略就只是一场空谈，再好的战略也不可能变为现实。没有资源配置规划的战略规划是"中看不中用"的。一个战略能否取得成功，资源配置是真正的考验，不适当的资源配置会直接导致公司的战略无法实现。

如果资源不是稀缺的，是取之不尽用之不竭，就不需要进行选择和取舍，那么也就没有制定战略的意义！很遗憾，你的时间和精力是有限的、你的财务资源和人力资源也是有限的，这就需要你围绕战略进行很好的资源配置。**资源越是稀缺，就越需要战略来指导如何优化配置这些稀缺资源。**

在组织中，关于战略的一切，在进入资源配置阶段之前，都只能是个"意图或想法"，只有到了公司分配人、财、物的阶段才会有所不同。公司不同的事业部、不同的产品线、不同的区域市场、不同的研发项目、不同的流程优化等，都想得到人、财、物方面的优先重视，因此彼此相互竞争，哪一个该优先考虑，哪一个该变成实际上可以执行的战略，全靠高管层的资源配置决策。

如何让资源配置更加工具化呢？为此，几乎人尽皆知的 BCG 矩阵便诞生出来了。BCG 矩阵告诉我们，所有的业务都可以分为四大类：金牛类业务，它们仅仅需要很小的再投资，却可以给公司带来源源不断的现金流量；瘦狗类业务，食之无味弃之可惜，消耗公司大量资源但几乎无利润；问题类业务，在大部分情况下都是现金的饥渴者，投资还是放弃，的确是一个艰难抉择；明星类业务，它的相对市场份额不错，但是需要不断投入，只有这样其增长才能赶上甚至超越行业的增长速度。

所有的业务要么最终成为金牛类业务，要么沦落为瘦狗类业务，这完全取决于这一业务在市场增长变缓之前能否获得领先的市场份额。为了实现可持续增长，企业必须不断优化业务结构，改善资源配置，获得业务组合间的乘数效应，使现金流达到最佳状态。

曾经的 GE 有多达 43 个事业部，从飞机发动机到咖啡器皿，规模大的 15 亿美元，小的只有 5000 万美元。从 1960 年到 1970 年，GE 投资回报率锐减，每股收益率也没有增长，利润大幅度跳水。BCG 矩阵的兴起让 GE 看到了希望，决定运用 BCG 矩阵优化业务组合。

当战略规划部把诸多业务放到 BCG 矩阵的时候，很多业务部门的老大开始强烈反对：大家都不希望做瘦狗，都希望做明星，因为明星可以向总部申请更多的资源；大家也都不愿意做金牛，因为金牛要上缴很多的现金。同时，BCG 矩阵仅仅依据市场增长率、相对市场份额两个变量就得出结论，这似乎有点太单薄，会产生错误的战略判断。

GE 开始改造 BCG 矩阵，推出了自己的资源配置工具 GE 矩阵。GE 不再使用市场增长率维度，而是换成了"行业吸引力"；不再使用市场相对份额维度，而是换成了"业务竞争力"。

• 行业吸引力：通过整体行业容量、市场增长率、产业 5F 结构、行业利润、技术水平、社会政治等进行综合衡量。

• 业务竞争力：通过相对市场份额、产品质量、技术实力、产品链控制能力、品牌知名度、分销能力等进行综合衡量。

以 BCG 矩阵、GE 矩阵来指导公司的资源配置，还需要注意一大隐患：在"业务组合"的导向下，任何一个事业部或业务主体都不会独自承担起整个公司做强、做大核心竞争力的职责，也无法提出充足的理由获得必要的投资来打造某种世界领先的核心竞争力，如此，公司的核心竞争力建设必然是支离破碎的。

因此，高管层应该适度跳出"业务组合"的框架，超越一个个独立的业务主体，站到一个更高更广的层面，即以"能力组合"为框架。这就需要确定打造核心竞争力的目标，明确需要培养哪些核心竞争力及这些核心竞争力是由哪些相关技术或能力要素组成的。基于此，集团总部就需要各业务部门确认与这些核心竞争力密切相关的项目和人员，打破"人才私有化"，打破事业部之间的核心资源 / 能力无法流动和共享的壁垒。

公司的战略重点不是经理人的经营重点

我们在前面和大家分享了富士和柯达的不同命运，无论是富士还是柯达都看到了数码相机对胶卷行业的冲击，它们在战略上也做了很多业务的创新和探索。但很遗憾，正如富士的 CEO 古森在他的新著《灵魂经营》中总结道："这些创新的项目研究，大多数都以失败告终，最主要的原因是胶卷行业利润率高、市场占有率大的核心业务还在继续创收……新领域的业务项目一般都不能马上获得收益，即使创收，也无法和胶卷行业的利润相提并论，因此，轻视开拓新的业务领域的意见仍然占主流。经营决策层放弃了对新领域研发项目的投资。"

类似富士战略执行的烦恼同样让 IBM 董事长兼首席执行官郭士纳痛苦。郭士纳想让 IBM 这头大象跳起舞来，实在是太难了！1995 年，他在上任 2 年后开始提出 IBM 的新 5 年战略：向客户提供全面解决方案、抓住互联网和电子商务产业发展的趋势。到了2000 年，IBM 的财务状况已经趋于稳定，可营业收入增长率仅为5.7%，远低于同期的互联网高科技公司。

新任的首席战略官哈罗尔德教授发现：IBM 之所以总是失去增长机会，是因为它虽然开发了很多新技术和新产品，但是这些新业务都没有成长起来。比如，IBM 研制出了第一台商业路由器，思科却是这个领域的霸主；IBM 很早就开发出了语音识别软件，但 Nuance（专门从事语音识别软件的一家公司）却后来者居上。IBM 拥有高影响力的品牌，也有遍布全球的销售队伍，而且技术领先，但很遗憾，这些优势在新业务面前没有任何用武之地。

为什么 IBM 的新业务都会失败呢？

哈罗尔德教授开始组建了 8 人工作小组，深入调研 IBM 在过去 5 年内到底做错了什么？或者是没做什么？通过深入的研究，哈罗尔德教授发现了一个神奇的组织行为学定律：**公司的战略重**

点往往不是经理人经营的重点。

公司的战略重点是面向未来 3~5 年的行业布局，而经理人的经营重点是面对当下 3 个月或 1 年的的绩效考核和经营损益表；公司的战略重点是关于新兴业务和新的增长点，而经理人的经营重点是关于现有的业务和运营改善。在大多数公司中，那些赚钱最多的业务部门的领导者有着"资源配置"的绝对话语权，这些人可没有兴趣将资源投入到新业务中。

任何一个企业要持续增长，都需要布局三个层面的业务：核心业务 H1、成长业务 H2 和新兴业务 H3。如图 7-1 所示。H 是地平线 Horizon 的首字母，三个层面就是三个成长的地平线，意味着公司业务组合的"时空结构"：从业务的"空间结构"来看，核心能力能够覆盖到其他的业务衍生，所有业务都能够相互关联形成"众星参北斗"的态势；从业务的"时间结构"来看，新兴

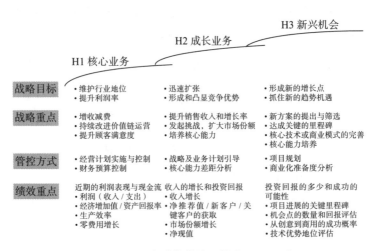

图 7-1 三个成长的地平线（Horizon）

业务、成长业务、核心业务之间能相互接替，形成鳞次栉比之势。

哈佛商学院著名的创新大师克莱顿·克里斯坦森在其名著《创新者的窘境》中指出，**面对新技术和新市场，导致失败的恰好是完美无瑕的管理**。这句话的含义意味深长，因为大型公司第一层面的核心业务往往非常成功，积累了很多好的管理制度和管理文化，形成了强有力并且非常牢固的"资源配置、管理流程和价值观"，以打造核心业务在市场上的核心竞争优势。

在面对这些新兴业务时，公司的管理层不由自主地就把管理核心业务 H1 的方法用来管理新兴业务 H3，这样很容易就把新兴业务给管死了。比如，一家大公司往往要求新业务或新产品的毛利率必须达到 35% 以上，这样的资源配置价值观就会促使中层管理者否决毛利率低于 30% 的创新提案；或者，如果新业务连续两年都没有盈利，其在公司中的地位就会大打折扣，管理层往往开始大幅削减资源投入。

IBM 董事长郭士纳深刻领悟到了这一点。1999 年 9 月的一个星期天，郭士纳正在家中阅读月报，他发现了深藏于字里行间的一句话：迫于当前季度盈利的压力，生命科学计算的一个新项目的资源配置被取消了，尽管郭士纳在战略上非常重视这一项目。首席战略官哈罗尔德经过深入调研发现这种情况在企业高管中非常普遍。

如何改变这种局面，克莱顿·克里斯坦森给出了自己的建议：让围绕新技术或新市场的创新业务全部独立出去，不受主流客户和主流业务的左右。根据这一建议，IBM 建立了新兴业务 H3 管理体系，并依据 H1、H2、H3 不同业务的战略属性，设计出有针对性的组织管理、资源配置和业绩管理，如图 7–1 所示。

谷歌的解决方法是"70/20/10 法则"，谷歌董事长对此的阐释是："我们将 70% 的时间用在核心的搜索和广告业务上；20% 的时间放在与之相关的周边业务上，如谷歌新闻、谷歌地图、谷歌人文地理；剩余 10% 的时间用于开发全新业务。"这个原则确保了核心业务占有大部分资源，蓬勃发展的成长业务可享受一定的投资，而与此同时，异想天开的疯狂构想也得到了一定程度的支持，避免成为预算削减的牺牲品。

旧组织无法执行新战略

战略决定组织，组织跟随战略，组织决定成败！很多企业在战略落地中都忽视了调整组织结构，战略一经调整并确定下来，第一要务就是调整组织结构！这是著名管理大师钱德勒在对通用汽车公司、杜邦公司等美国 70 家大型公司的发展历史进行深入研究后所总结出的黄金定律。

斯隆在通用汽车公司多品牌战略的指引下，开始成立"事业部"。在新战略和新组织的驱动下，通用汽车在短短的 4 年时间内，就超过了福特公司，成为全球销量第一的汽车公司。通用汽车由此成为其他公司的范本，全世界的大型企业纷纷效仿事业部制的组织结构。

很多人并不知道"事业部"的来源，该组织模式其实来自拿破仑创立的"师"。拿破仑改组了军队的组织结构,创建了"师"的编制,每个师由步兵、骑兵和炮兵及其他支援单位混合而成,各个"师"在战略行动上有较大的选择自由,彼此相互支援,这样组织就可以获得很高的速度和弹性。斯隆在向拿破仑学习之后,自豪地说:"从此通用汽车幸福地处于绝对集权与绝对分权之间了。"

我们在第一模块规划视角中分享了腾讯在 2005 发布的《腾讯五年战略规划》,根据新战略,腾讯对组织架构进行了第一次大规模调整,借鉴了斯隆首创的事业部制,成立了 5 大产品事业部。5 大产品事业部可以被看成 5 家独立的公司。这种以产品为基础的事业部架构成为当时业务发展的重要助推器,帮助腾讯形成了一套非常坚固的产品体系。

管理学教授格雷纳在《组织成长中的演变与变革》一文中指出:**"组织在某一阶段的最佳管理实践将会带来另一阶段的管理危机。"**很快,这种组织架构也为腾讯带来了诸多困扰:组织决策复杂、层级过多、关系混乱、各自为政;各事业部产品依赖 QQ 作为资源导入,在激烈争夺资源的过程中,破坏了 QQ 的用户体验,也导致创新不足;移动互联网时代出现的很多新的产品与领域难以被清晰地划归到某一业务系统中。

面对新需求、新技术和新业务模式层出不穷的市场环境,2012 年 5 月 18 日,腾讯正式宣布,将进行公司组织架构调整。这是继 2005 年之后腾讯的第 3 次组织架构调整。

2013 年,微信宣布其月活跃用户数达到了 3 亿,超过了中国电信和中国联通的用户总数。2014 年 5 月，腾讯进行了第 4 次组织架构调整。此次最大的变化是撤销了电商业务，微信独立成军，成立了微信事业群。由此，腾讯形成了以微信和 QQ 为双社交平台的组织架构。

企业成长存在"组织天花板"现象，如果说市场空间是企业长大的极限，那么组织模式则是企业长高的天花板。

腾讯为了突破组织的天花板，不仅仅定期调整组织结构，还推动了很多组织创新，比如允许适度组织冗余，鼓励内部竞争、内部试错。正如马化腾所言，很多人都看到了微信的成功，但大家不知道，其实在腾讯内部，先后有几个团队都在同时研发基于手机的通信软件。腾讯的组织创新告诉我们，并非所有的组织冗余都是浪费，不尝试失败就没有成功。

从逻辑顺序上讲，战略先于组织；但是就重要性来讲，组织胜于战略。因为，战略容易模仿，组织难以复制。战略的脆弱性就是你无法阻挡竞争者模仿复制，组织体系则不然：组织体系是非常复杂的一个系统，包括了结构、流程、岗位、制度四大硬件系统，以及传播网络、决策网络、文化网络、协同网络四大软件系统，这些是经过长期进化而成的，很难被竞争者复制。

正因为如此，才形成了"组织惰性"极大的局面。**组织惰性往往大于战略惰性，战略调整相对容易，组织调整极其艰难。所以，很多企业的战略无法落地，核心原因往往就是没有及时调整组织，或者没有能力挑战现有组织。**

第8章
发育企业的核心竞争力

> 我们飞得越高，在那些不能飞的人眼中，我们就越渺小。
>
> ——哲学家　尼采
>
> "深淘滩，低作堰"，是李冰父子2000多年前留给我们的深刻管理理念。深淘滩，就是确保增强核心竞争力的投入，确保对未来的投入；低作堰，就是节制对利润的贪欲，不要因短期目标而牺牲长期目标。
>
> ——华为创始人　任正非

本田战略 vs 哈雷战略

首先请大家先做一个选择，你更偏好哪家公司的战略：一家是本田的，一家是哈雷戴维森的，这两家都是从做摩托车开始的。

1949年本田制造出了自己的第一台摩托车，这种摩托车有什么特点呢？其实就是一辆自行车加一个马达。到了1959年，本田摩托车开始进军美国市场，同年推出了农用装备耕耘机。1972年，本田开始进入轿车领域，推出了思域轿车。

本田是否应该进入世界汽车行业？答案是不应该。

原因很简单，汽车市场已经趋于饱和，在美国、日本和欧洲都有着非常强大的竞争对手；同时，本田几乎没有生产汽车的经验，本田在美国也没有汽车分销系统。

但是，疯狂扩展的本田仍不满足，在1980年又进入到了微型转杆机、除雪机等领域。

和本田一样，哈雷戴维森的创始人哈雷和戴维森也是从"自行车装马达"开始的，不同的是，哈雷摩托车从1901年就已经开始投入生产了。在本田还没有成立的时候，哈雷摩托车已经是美国军方的装备摩托车，在海外战场，许多美国士兵都争相与哈雷摩托车拍照作为回国后的留念。1947年，哈雷戴维森开始销售经典的黑色摩托皮夹克。

1953年，当本田创立并刚刚步入正轨的时候，哈雷公司就已经举行了豪华的50周年庆典。很快，另外一家印第安摩托车厂破产，哈雷公司在这之后的46年里成为美国唯一一家摩托车生产企业。

一个多世纪以来，哈雷戴维森一直是自由、原始动力和豪放粗犷的代名词，它不仅仅是摩托车，更是一种代表了自由、个性的独特生活方式。哈雷往往能够和顾客之间建立一种终生忠诚的关系，俄罗斯总统普京、我国著名影星葛优和李亚鹏等都是哈雷戴维森的忠实粉丝。

在本田和哈雷之间，你更喜欢哪家的发展战略呢？在我的战略课堂上，这也是一道非常有意思的讨论题，青菜萝卜各有所爱，不同的人有不同的战略偏好。

有的人喜欢哈雷戴维森的战略，因为它的定位非常清晰，它的溢价能力很强，像中国的万科地产一样实行专业化经营。而有的人更喜欢本田的战略，因为本田没有浪费自己的核心竞争力，不断地向相关产业扩展，是多元化的成功典范，本田的营业规模是哈雷的近百倍。

这其实是看问题的两个不同视角而已。**"横看成岭侧成峰，远近高低各不同"，如果从定位视角看，我们肯定更偏好哈雷戴维森的战略；而从能力视角看，我们肯定更喜欢本田的战略。**

但是我们也会提这样一个问题，本田是如何从战略上管理如此众多的业务呢，进入哪些领域或退出哪些领域，向哪些业务加大投入，向哪些业务减少投入？第二个问题，本田为什么会拥有这么多的业务，这些业务是怎么发展起来的呢？本田这么多业务会不会显得凌乱？

先胜后战：以核心竞争力驱动价值型增长

关于企业增长的路径有两大流派。

- 一大流派是看外部，看外部产业机会"好不好"，有没有高盈利、高增长或高估值的业务机会值得企业进入。

- 另一大流派是看内部，看内部核心竞争力"能不能"，内部的核心竞争力还可以复制到什么领域，培育出什么新的增长点。

现在，越来越多的企业开始推动以核心竞争力为驱动的增长路径。正如战略大师普拉哈拉德所言："核心竞争力是把现有业务维系在一起的黏合剂，它们也是新业务开发的动力，多元化经营和进军新市场或许也要以它们为依据，而不仅仅是看市场的吸引力。"从长期来看，企业的盈利能力和持续增长取决于企业能否以比对手更低的成本和更快的速度构建核心竞争力，这些核心竞争力将为公司催生出意想不到的产品。

有了核心竞争力，貌似散乱的多元化集团就可以在公司的核心竞争力中找到统一的支点。那本田的核心竞争力是什么呢？是高效省油的发动机和动力传输系统。本田这么多业务，貌似散乱，但却统一在这一核心竞争力上。

有意思的是，对于类似本田这样的公司模式，有人不是称其为"多元化"，而是称其"多角化"。因为本田只种了一棵大树，所有这些业务就像这棵大树的枝干一样，而这棵大树及其根系就是本田的核心竞争力。

我的研究表明，很多企业都深陷"增长困境"，收入停滞不前、利润（市值）也不增长。**仅仅有不到 18% 的企业能够做到"价值型增长"：不仅收入的增长能够领先行业的平均水平；利润（市值）的增长速度也能领先行业平均水平。**

怎么才能够更好地做到价值型增长？有两个要点，第一，要你获取增长的成本和投入做到最小化；第二，就是要提高新业务成功的概率。

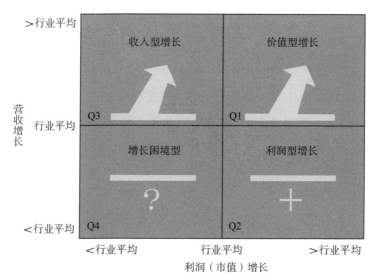

图 8-1　营收增长与利润增长的关系

最好的方式就是复制核心竞争力，回归核心，从核心扩张。复制核心竞争力的增长成本是相对的，但成功的概率却是较高的，比如本田。其所有的核心竞争力在"复用"过程中，本身也是一个不断地建设、强化的过程。就像本田一样，刚开始它的发动机和现在相比很差，但它在不断复制发动机技术的过程中也在不断改善，让自己的"护城河"（竞争壁垒）越来越深。

这就是"优势战略"：挟裹着超强优势（核心资源或核心能力），以多胜少，甚至是降维打击！**尽管很多战略是"以少胜多"，但经常是险胜。优势战略是"先胜后战"，开战前，就已经绝对胜算，因为它们以数倍于竞争对手的资源和能力，形成了压**

倒性优势。

如果说你现在还不太具备核心竞争力，你就需要深入思考：我的核心竞争力到底应该是什么？沿着这个方向去走，一步一累积。**伟大是熬出来的，核心竞争力也是日积月累出来的。**

著名作家汪曾祺曾说："人总要把自己生命的精华都调动起来，倾力一搏，像干将莫邪一样，把生命炼进自己的剑里。这，才叫活着！"古往今来，凡是成就伟大企业的，无不如此——心无旁骛，专注持恒，将生命炼进自己的剑里，这把剑就是这家伟大企业的核心竞争力！

从业务组合到能力组合：富士和柯达为何命运不同？

回归核心，从核心扩张，这是很多企业的持续增长逻辑和战略转型逻辑。在同样悲剧的胶卷行业中，富士和柯达却走出了不同的命运，从中很好地诠释了这一点。在经历了被数码相机全面替代的 2012 年，柯达公司提交了破产保护申请，同期富士的市值依旧高达 126 亿美元。同样是胶卷生产巨人的富士胶片，在经受了"行业核心业务衰落"的巨大冲击后，浴火重生。

在中国，我们已经可以看到一款高端护肤品艾诗缇。这款护肤品的主要卖点就是其富含胶原蛋白和可以抗氧化，据说可以让你的肤色像照片一样永不褪色。

照片褪色是因为被氧化了，照片和你的脸一样需要抗氧化。同时，这款护肤品告诉你，你的脸本身就是你的一张照片，同时脸和照片都含有胶原蛋白。从它的护肤逻辑中，你也许能猜出一二，它就是日本富士旗下的护肤品。

这款产品对于富士更有深层意义，因为它更像富士处在没落行业尽头所望见的路标。只不过，从胶卷到化妆品的转变，对很多人来说，都是一件不可思议的事情。

事实上，两者同源，让很多女性津津乐道的胶原蛋白，也是照片胶卷的主要原材料。对于富士来说，研究照片的历史可以说就是研究胶原蛋白的历史。冲印出的照片经常会褪色，这样的经历想必你也有过，富士为了防止照片褪色一直致力于"抗氧化"技术的研究，延缓皮肤衰老恰恰需要抗氧化技术。

利用原有的核心竞争力，围绕核心竞争力进行毗邻扩张和复制，推动"核心竞争力复用"，是富士成功转型的战略密码。普拉哈拉德指出，我们可以将多元化公司想象成一棵树，树干和大树枝是核心产品，较细的树枝是业务单元，树叶、花与果实则是最终产品，为大树提供养分和起支撑稳定作用的根系，才是公司的核心竞争力。

富士胶片的全球 CEO 古森先生在掌舵富士之后，发动全员研讨以下**四大战略问题：如何利用现有技术巩固现有市场、如何开发新技术应用到现有市场、如何将现有技术应用到新市场、如何研究新技术开拓新市场**。在本质上，富士胶片没有把公司视为"核心业务组合"，而是把公司视为"核心能力组合"。

这样的战略讨论，让富士不仅局限于化妆品领域，还进入了医药领域。富士发现，传统药物在产生疗效的同时，也易对其他脏器产生副作用，而理想的效果似乎是，药物能够精准抵达疾病部位。富士想起了 FTD（Formulation Targeting Delivery，纳米分层渗透）技术，在洗印照片时，它能将所需颜色显示在特定部位，于是富士就开始将 FTD 技术运用到医疗领域。

过去 15 年间，富士胶片取得了大多数公司梦寐以求的成就：在行业萎缩甚至消亡之际，它创造出全新的市场，并向客户提供他们从未想到但绝对需要的产品。

反观柯达，我们却发现柯达并没有充分释放其核心竞争力。柯达在 1988 年以 51 亿美元并购司泰林制药公司和其他临床试验药剂公司，准备在医疗业大显身手，但遗憾的是这起并购与柯达的核心竞争力无关，到了 1993 年，柯达不得不将司泰林制药公司出售。而富士的战略转型并没有脱离传统影像业，而是将几十年积累沉淀下来的核心技术成功"复用"到其他领域。

清华大学副校长杨斌教授在点评富士案例时，讲道：

> 在破与立上，热衷变革、鼓动颠覆的人常常以"旧地图上怎么找得到新路"，来干脆利落地放弃公司传统和公司技术优势积累……去挖掘"旧"与"新"的传承演进的可能，古森先生看问题不情绪化、不采取简单的二分法（非此即彼）、而是充满辩证思维，正是这样，他才不是粗暴地化"腐朽"为神奇，而是让公司员工感觉到公司过去的宝贵价值，这是平滑变革的真谛。

区分资源、能力和核心竞争力

企业经营就像是睡莲，收入、利润或规模就是浅浅浮在水面上的那朵看得见的花，这朵花能否开放得美丽灿烂，取决于水面下那些看不见的根系和养分。 过去，我们几乎把全部心思都专注于水面上看得见的花朵，选择朝不保夕的增长方式，而疏于去关心水面下那些看不见的、决定这朵花盛开还是枯萎的根本！

很多企业都认识到了核心竞争力的重要意义，但是对核心竞争力概念的理解却存在误区。在一个咨询项目中，我曾和一家福建中型服装企业的董事长面对面地坐在一起，他开始谈到自己企业有 4 大核心竞争力：门店、品牌、IT 系统和设计研发。

我不得不含蓄地告诉他，这 4 点都很难称为核心竞争力。

- 门店属于有形资源，你有门店，竞争对手也有门店，竞争对手的门店也许比你的还多，而且只要竞争对手有钱，他可以很快就购买或建立大量门店。只要花钱能够快速买到的资源，都不是核心竞争力。品牌属于无形资源，你有品牌，竞争对手也有品牌；你的品牌是服装品牌，竞争对手的品牌也是服装品牌。这些相似程度很高，并且没有段位上差别的无形资源都不是核心竞争力。

- IT 系统和设计研发属于"能力"，能力是指将无形资源或有形资源进行组合，并能够完成的任务或展现的行为。IT 系统和设计研发这些能力是可以带走的，甚至可以外包给一个专业公司来做，因此比较容易模仿。员工可以带走并能够容易模仿的能力，都不是核心竞争力。

这位董事长所讲的不过是服装行业的"通用能力架构"，即整个行业中各个企业都必须拥有的各类能力。通用能力架构提供了行业准入，但无法创造行业领军，就像牌局中的筹码，每家企业必须下注。

而核心竞争力则不同，它意味着你必须在某项"通用能力"上做到极致（绝对优势），或者你掌握了一项"通用能力架构"之外的其他企业并不拥有的能力（绝对差异）。

也许有人会讲，我拥有一个非常大的钻石矿，这算不算我的核心竞争力呢？钻石矿是有形资源，也是一种战略性资产，但这不一定是核心竞争力，不一定就能给你带来领先的竞争优势和高额的利润。很多南非国家都有丰富的钻石矿，但整个国家依然很贫穷，这就是"有资源无能力"的悲哀；日本这个国家没有任何铁矿石资源，但是日本的新日铁却是世界前列的钢铁企业，这就是"无资源有能力"的本事。

戴比尔斯（De Beers）曾在控制钻石供应上取得了价值高达50亿美元的储量，但是这并没有为该公司创造超额利润。该公司的高管层反思，"该贮备已经变成了巨额的重负，公司市场份额的萎缩更让公司难以通过自行吸收原料钻石来支撑价格"。

戴比尔斯公司开始了战略复盘，它将战略重点从"钻石矿和毛坯钻石"的丰富储量，转向了那些无形的核心竞争力——根植于该公司与消费者和客户间的独特关系，这一核心竞争力由品牌战略、零售体验、珠宝设计和消费者细分等能力要素构成。

基于此，该公司果断处理了其 80% 的钻石存货，彻底远离了数十亿美元的钻石储备，开始将各种资源投入到核心竞争力的打造上，很快公司便从"增长困境型"位移到"价值型增长"，收入和利润开始逐步增长，其 2006 年的净收益达到了 7.3 亿美元。

如果说钻石矿都不是核心竞争力的话，那么，核心竞争力到底是什么呢？经济学家张维迎给出了一个非常形象的定义，他指出："核心竞争力的独特性具体表现为你所拥有的资源 / 能力是偷不去、买不来、拆不开和带不走的。"

偷不去，是指别人模仿你很困难；买不来，是指这些资源不能从市场上获得；拆不开，是指企业的资源、能力有互补性，分开就不值钱，合起来才值钱；带不走，是指几个人才离开公司也不会把核心竞争力带走。

当我们能够把核心竞争力和能力、资源区别开来了，我们就能够充分意识到构建核心竞争力绝非一朝一夕之事。

关于核心竞争力的三大测试

在一次战略研讨会上，一家医疗设备制造公司认为自己的核心竞争力是"仪器制造"。我当即指出，这仅仅是一项普通的能力而已，这样的定义过于空泛，对公司下一步的战略行动没有任何指导意义。

经过进一步的研讨和分解，这家公司的高管层对自己的诸多能力进行了更深入的洞察，他们把"仪器制造"能力进一步细化分解后，发现在仪器制造方面，其中能够通过核心竞争力三大测试的就是"领先的人机界面设计能力"。

因此，该公司决定招聘更多的人机工程学家，一方面强化这方面的核心竞争力，一方面积极打入家庭自用、小型社区医院这两个增长迅速的细分市场。

正是在这两个细分市场，公司的"领先的人机界面设计能力"最富有独特性和需求性，其主要原因是良好的人机界面设计普通人员和护士就可以操作，而不是必须由专业医生来操作。

根据我的经验，很多高管层常常凭直觉来确定公司的核心竞争力，而没有通过全面的研究和深入的分析去找到正确答案！一项能力要素是否能成为公司的核心竞争力，必须通过最为重要的三大测试：

- 需求性测试。只在当公司的能力能够比竞争对手的能力更好地满足客户需求时，公司的能力才具有价值，公司必须不断地重新评估它们的能力对当前或未来的客户需求的满足程度。当然，这仅仅是核心竞争力的必要条件，但并不是充分条件。

- 独特性测试。高管层在评价核心竞争力时，最大的失误就是没有将竞争对手作为参照物，核心竞争力往往成了自己"感觉良好"的部分，每家公司都能在公司内部找出做得比较好的方面，然后称其为公司的核心竞争力。从这一角度讲，核心竞争力就是独特竞争力。作为一种可持续竞争的优势资源，该能力必须长期具有稀缺性。如果这种能力供应充分，任何竞争对手都很容易获得，那就不是核心竞争力。

• 不可模仿性测试。不可模仿性限制了竞争，因此是价值创造的核心。核心竞争力往往是难以复制的，因为存在"路径依赖性"，很多能力不可能立刻获得，必须通过长期的积累，无其他捷径。这就是大家反复议论的"海底捞你为什么学不会"。

不可模仿性的另一个原因是因果含糊性，比如，很多火锅店都曾模仿海底捞，但大家搞不清海底捞服务好的原因到底是什么，是筷子长一点儿、工资高一点儿，还是培训多一些、菜品鲜一些，核心竞争力的整合性特点总让模仿者有点儿无从下手的感觉。但是，这个世界并不具有不可模仿的东西，不要把不可模仿性当成一种条件，实际上它只不过是一个时间问题：你无法杜绝模仿，只能增加模仿的难度或时间。

这三个测试迫使高管层不但要看公司内部，同时还要看公司外部。**大部分公司自己所列举的核心竞争力难以通过这些客观测试的拷问，这是中国企业参与全球化竞争的严峻挑战。中国庞大的市场机遇成就了很多企业，尽管规模很大，但是核心竞争力的积淀还远远不够，外需很大，内功很差！**

成为超级竞争者：力出一孔和阈值效应

依据以上三大拷问，很多企业往往会有些沮丧，突然发现自己现在并没有什么拿得出手的核心竞争力。目前没有核心竞争力，并不可怕！任何一项核心竞争力都需要一个漫长的培育过程，你现在可以定义："我们应该有什么核心竞争力？"然后，制定完善的核心竞争力发育计划，用5~10年的时间打造出来。伟大是熬出来的，核心竞争力也是日积月累出来的。

亚马逊的三大核心竞争力是海量选择、低价和快速配送，亚马逊以持续亏损为代价，累计投入近20年，将这三大能力打造为行业标杆，从而成为"超级竞争者"。

"超级竞争者"是指那些在核心资源和核心能力上拥有遥遥领先于整个行业其他竞争对手的能力。正如凭借微信的高频应用和体验创新，腾讯成为移动互联网时代的超级竞争者；阿里巴巴所拥有的集成交易数据、资金数据和物流数据等"大数据"资源，让它可以在各个领域实现"降维攻击"。**在超级竞争者的战略格言中，总有一句：最有效、最容易执行的战略是"杀鸡用牛刀"！**

"超级竞争者"可以先胜后战，在竞争开战之前，就已经有了七分胜算；有的时候，"超级竞争者"可以实现"全胜"，他们通过并购投资的战略路径实现"不战而屈人之兵"。

罗马不是一夜建成的，培育核心竞争力极度考验一个企业家的战略雄心和战略耐性。正如图8-2所示，在初期，企业所期望的核心竞争力往往处于不及格的状态，从不及格（亚马逊早期的配送服务）到和竞争对手势均力敌（和沃尔玛对抗），再到成为行业标杆，遥遥领先于整个行业，往往需要近 10 年的坚持和投入！

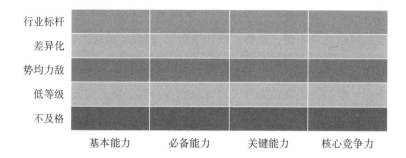

图 8-2　核心竞争力的培养

在核心能力打造过程中，有一个"阈值效应"，即只有当资源投入和努力程度到一定阈值才能影响到一个体系，而当资源投入和努力程度低于这个阈值时，收效甚微。比如广告投入不足的话，不会产生任何效果；要打造知名品牌，就必须让广告曝光量超过这个阈值。这就意味着，公司在投放广告时，不能撒胡椒面，必须集中时段、集中区域或集中目标客户群饱和曝光。

亚马逊的快速配送做到 5 天内抵达，没有任何意义；做到 3 天内抵达，意义也不够凸显；但是做到 1 个小时内抵达，那就是绝对的优势，远远超过同期的竞争对手！亚马逊早期打造出了 2 日送达，甚至 1 小时送达的会员服务；现在又在积极创新无人机配送、亚马逊无人实体零售店（免现金结算）等。

要突破阈值效应：第一，必须投入一定数量的资源；第二，必须集中，有所取舍，在关键点上饱和攻击。比如，与其让 100 个产品各得到 2% 的改进，不如让 2 个产品得到 100% 的改进。在核心竞争力建设上，的确如此，不需要百花齐放，只需要一花独妍，敢于将鸡蛋放在一个篮子里。

正如任正非所言，**要成为行业领导者（超级竞争者），一定要加强战略集中度，坚持"压强原则"，在成功关键因素和选定的战略生长点上，以超过主要竞争对手为目标配置资源，要么不做，要做，就极大地集中人力、物力和财力，实现重点突破**。他指出，"华为知道自己的实力不足，不是全方位地追赶，而是紧紧围绕核心网络技术的进步，投注全部力量"。

因此，核心竞争力不需要太多，1~3项即可！如果你想培育和打造的核心竞争力有5项之多，那仅仅说明你压根没有想明白，也不可能打造成功。

任正非在2011年无线业务会议上反思道："研发的力量太发散，让竞争对手赶上来了……每一个产品线、每一个工程师都渴望成功，太多、太小的项目立项，力量一分散就把整架马车拉散了。"

任何一家企业都是一个"能力有限"公司，不收窄作用面，压强就不会大，就不可能有突破，力量从一个孔出去才有力度，这正是任正非常讲的"力出一孔"。

第9章
战略地图、能力地图和人才地图

> 人才不是企业的核心竞争力，人才管理体系和人才管理能力是企业的核心竞争力。
>
> ——华为创始人　任正非
>
> 虽然战争离不开武器，但是真正决定胜负的因素是人。
>
> ——著名将军　巴顿

能力地图：基于开放能力的腾讯转型

著名教授杨国安指出，企业要持续成功必须掌握两大关键因素：正确的战略方向及匹配的组织能力，即"企业成功 = 战略方向 × 组织能力"。战略方向是指寻找高获利、高成长空间；组织能力是指比竞争对手更好、更快地执行战略。

这两个因素之间是相乘关系（而不是相加关系），其中一项不行，企业就无法获得成功。如果企业空有正确的战略方向，却没有与战略相匹配的组织能力，这样的战略就是"虚战略"，好战略也无法转变为好业绩。

战略方向关系的是"想到和想不到"的问题，而组织能力关系的则是"做到和做不到"及"做好和做不好"的问题。战略很容易被模仿，但组织能力却难以被模仿，它才是真正的竞争优势！

现在，用1~10打分，你可以问问自己"组织能力在多大程度上支持了战略的执行？"如果组织能力不能按照战略进行部署，那么战略相当于无效。

通常情况下，企业不会经常改变其愿景和使命，但是战略方向和组织能力却始终在变化，这就使得战略和组织间的"一致性"往往飘忽不定。战略方向的调整可以一夜之间制定，仅仅需要董事会或高管层开一个通宵达旦的会议即可；但是组织能力的发育，却是一个缓慢的过程。

战略方向的调整可以以周为计，组织能力的发育却要以年为计，管理时间的跨度和周期不同，更加导致了两者之间匹配的难度。因此，我们更多看到的是战略方向和组织能力之间的错配。

2011年，马化腾开始思考腾讯的组织能力到底应该是什么？在一次总办会上，马化腾让16名高管在纸上写下自己认为的"腾讯核心能力"，一共收集到了21个答案。

历经了多次的辩论，战略紧迫性最高、同时腾讯又不具备的"核心能力"被聚焦为"开放能力"。在刚刚过去的"3Q大战"中，腾讯被指责为是垄断的封闭帝国和山寨模仿公司，在互联网的世界里，它可以迅速模仿任何创新，切入任何领域。为了改变这一公众认知，2011 年，马化腾开始推动腾讯战略转型，打造腾讯的"开放能力"。

"开放能力"被聚集到两大关键支撑上：资本和流量。腾讯 CEO 刘炽平指出，腾讯不可能涉足所有的互联网产品，尤其是内容领域，所以只有经由资本投资的参与，才是唯一可行的路径。与投资资本形成结盟关系，既可以实现开放的目的，同时也能够让腾讯庞大的流量资源获得一次资本意义上的释放。

基于此，拥有 5 亿多名月活跃用户的 QQ 空间被选中为最好的流量开放试验场。随后，腾讯成立了腾讯产业共赢基金，第一期规模 50 亿元人民币，为互联网及相关行业的优秀创新企业提供资本支持。

定义核心能力、分析评估核心能力、对核心能力进一步结构化和为打造核心能力采取具体行动，腾讯 2011 年一系列的管理动作都是围绕这 4 步展开的。我把这个过程称为"从战略地图到能力地图"。

能力地图是能力体系的总体架构和详细设计方案。能力是组织架构、人才管理、业务流程和核心技术的组合集成，能力地图要描绘出围绕一项核心技术，这些要素是如何匹配在一起，从而能够打造出企业核心能力的。

绘制能力地图的三大要素

很早之前，一家汽车零部件公司看到了我的一篇文章——《从战略能力到能力战略》，于是让我去协助他们制定能力战略。该公司正在推动一项新的战略：转型为汽车座椅的全面解决方案提供者，要成为汽车整车厂商眼中最懂乘客和驾驶员需求的座椅整体方案供应商。汽车座椅，看似简单，其实已经演变为由数百种零部件构成的复杂电气设备，比如要能够在长途驾驶中保护腰部，要根据不同驾驶者身材进行记忆调整，要有加热和通风功能，要提供碰撞安全防护，等等。

绘制能力地图，我们需要将透视聚焦到"能力要素"这一概念上。就像人类基因是按遗传法则决定人类个体的体貌及性格特征一样，由能力要素构成的企业基因组掌控着企业的"遗传密码"，这些"遗传密码"决定了企业的产品服务是什么，以及未来战略增长的路径依赖。

能力要素可以分为三类：物质能力要素、交易能力要素和知识能力要素。这三类能力要素对应于完全不同的竞争优势取向。物质能力要素和交易能力要素与成本领先战略相吻合；而知识能力要素由于有与生俱来的差异性，所以与差异化战略相一致。

物质能力要素涉及原材料供应、部件制造、产品装配、分销和仓储等价值链的有形环节。物质能力要素呈现出资本密集型特征，固定资产规模较大，因此寻求"规模经济效应"是物质能力要素的驱动力。交易能力要素涉及商品组合、订单处理、付款收款、发货配送等交易环节，从早期的戴尔电脑到今天的淘宝平台、亚马逊，这些公司的核心优势均来源于对交易能力要素的创新，因此寻求"网络经济效应"和"范围经济效应"是这类能力要素的驱动力。知识能力要素是品牌管理、产品设计、技术专利等，比如从传统行业的耐克、辉瑞制药，到人工智能的先驱英伟达等。

经过充分的研讨，大家普遍认识到汽车零部件的战略控制点已经从传统的物质能力要素，向交易能力要素和知识能力要素过渡。经过高管团队、工程设计、生产设计和零部件采购等部门通力合作、群策群力，该公司在"能力地图"上定义出四大能力：精益生产、首次创新型设计（知识能力要素）、战略性采购（交易能力要素）、解决方案销售（交易能力要素）。这家企业因为很早就向丰田学习持续积累，在精益生产这一项能力做得不错，但其他能力与竞争对手相比，差距甚大。

但是，仅仅定义出四大能力还远远不行，"能力地图"还需要进行更加详细的描绘，仅仅绘制出主干道的地图不是一份好地图：

• 清晰定义：这是一种什么能力？它的内涵是什么、不是什么？以及这项能力为什么如此重要？

• 这项能力是否能够提升我们的战略差异化和竞争优势？如果能够，以什么传导逻辑提升我们的差异化和竞争优势的？

• 该项能力的构建意味着我们必须发生什么改变？比如，"解决方案销售"这项能力就意味着我们的直接沟通对象将包括整车厂商的技术人员，而非过去单一的采购人员，要从基于价格进行销售转型为基于价值进行销售。

• 这项能力发挥功效需要什么？都会涉及什么部门和流程，还需要投入什么财务资源和人才资源？需要为这项能力的打造调整组织结构吗，或者需不需要新设一个部门？

• 该项能力的评价等级和具体的衡量指标是什么？我们需要采取什么具体的行动，通过多长时间的努力，把能力提升到什么等级，或者将某项运营绩效改善到什么程度，这些工作一定要可以量化。

• 有没有外部的战略联盟对象或者并购整合对象，可以协助我们加速提升该项能力？

仅仅从单项能力来看还远远不够，"能力地图"还需要我们看到该项能力和其他能力之间如何匹配，如何保持一致性，并能够相互强化。整体能力体系比任何单项能力都重要，各项能力之间的配称可以大幅降低成本或者增加差异性，并让竞争对手更难以模仿。

如何打造组织能力：谷歌的创意精英和丽思卡尔顿的传奇服务

在绘制了能力地图之后，并对某一项能力进行了深入剖析之后，我们需要通过一系列行动把这项能力构建出来，并把这项能力转为员工的行为。

如果一家公司想要通过优质的服务打败对手，那么这项能力是否能够在员工和顾客的互动中有所体现呢？如果你去询问星巴克的员工什么是客户体验，询问谷歌的员工什么是产品创新，他们都能准确、甚至庄重地告诉你答案及它们为什么如此重要。

　　我们既然都知道了核心竞争力重要，那么该如何培育核心竞争力呢？如果你清楚地定义了你的核心竞争力，就需要从以下三个方面去培育，著名教授杨国安将其命名为"组织能力杨三角"。

　　（1）员工能力，员工会不会展现这些核心竞争力？丽思卡尔顿酒店的座右铭是"我们以绅士、淑女的态度为绅士、淑女服务"，其核心竞争力就是"传奇服务"。他们为了招聘到最专业的服务人员，从不在乎时间成本，他们通过严格的测评和面试来"甄选"员工，而非"雇用"员工，并对新员工进行文化熏陶，提供 21 天的培训认证，这些培训课程都与"传奇服务"的技能和态度紧密相关。谷歌也是如此，其创始人佩奇认为，"花在招聘上的时间永远不算浪费"。每一位进入谷歌的面试者都是由 CEO 亲自面试的，在此之前面试者还要通过公司委员会的 5 轮面试，并且围绕"谷歌范儿"模型打分后才能最终和 CEO 进行交谈！创意精英喜欢"羊群效应"，优质人才组成的团队才能吸引更多优质人才的加入。

　　（2）员工动力，员工愿不愿展现这些核心竞争力？丽思卡尔顿经常给予员工物质和非物质的激励，每家酒店每天都有惊喜发生，搜集这些"惊喜故事"同所有员工分享，形成致力于最优服务的环境。在谷歌的价值观里，创新不能被拥有或任命，它需要被允许，命令创意人员让他们进行创新，这不一定有效，正确的方式是放任他们去做。有一次，谷歌 CEO 在搜索某个关键词时没有找到想要的答案，反而搜出了很多不相关的网站，所以他把搜索页打印了出来，并且写上"This advertisement sucks."（这个广告很烂），然后贴到了公司的娱乐室，而没有专门指派给负责广告数据库的某个人，不过很快就有几个年轻人（完全不是做广告数据库管理的）揭下了纸条，仅仅花了一周的业余时间就完美地解决了这个问题。这就是谷歌公司的特色。

（3）公司引力，公司让不让员工展现这些核心竞争力？公司需要通过各种制度流程来为员工展现核心竞争力清除障碍。丽思卡尔顿通过信任充分授权（授权额度为每人 2000 美元），来解决客人投诉的问题。在谷歌，激发创意精英动力的因素，不仅仅限于金钱，更多的是其大显身手的机会、并肩共事的同事和享有的创新机遇。其中最具影响力的是谷歌"20% 时间"的工作方式，谷歌允许工程师拿出 20% 的时间来研究自己喜欢的项目。谷歌新闻、谷歌地图等产品创新，全都是 20% 时间的产物。**大多数企业，它们的目的是让风险最小化，而不是让创新自由和速度最大化，信息和数据被严格保密，却没有用作共享。**谷歌却与之相反，他们公开公司重要信息，让员工了解公司的工作，谷歌 OKR（Objectives and Key Results，目标与关键成果）制度就是一个很好的例证。每个季度，每位员工都需要更新自己的 OKR，并在公司内发布，让大家快速了解彼此的工作重点。**与 KPI 强调"要我做的事"不同，OKR 强调"我要做的事"，这就是谷歌激活个体、自我驱动的"赋能型组织"。**

从丽思卡尔顿和谷歌的实践我们可以看到，这些扎扎实实的组织能力指的不是个人能力，而是整个组织所发挥的整体战斗力，是组织在人员招聘、培训、薪酬、沟通及其他人力资源领域进行持续投资的结果。

因此，我们还需要把能力地图翻译成为人才地图，指引能力发育和人才管理之间的一致性。但遗憾的是，组织能力和人才管理在很多企业都是割裂的！**HR 负责人往往是 HR 专家，但对于公司整体战略也是盲人摸象，无法站到战略高度和整个组织能力层面审视对人才需求。**比如，大多数公司的领导力素质模型与公司战略无关，更找不到员工能力模型和组织能力之间的逻辑关系。

从能力地图到人才地图：碧桂园的增长引擎

如果在战争中缺乏清晰精准的地图，我们可以想象最后的惨败结局！在人才争夺战中，我们迫切需要一张张清晰精准的"人才地图"，这既是在人才争夺战中获胜的基本保证，也是制胜的关键策略！但遗憾的是，很多中国企业都缺乏清晰的"人才地图"，因此在人才争夺战中胜出的概率颇低！

2006 年，我前往碧桂园帮助该公司制定上市前的战略规划，当时我们提出了碧桂园"十百千"战略，即坚持郊区大盘模式，定位为新城镇创建者，十年百盘千亿。很快，到了 2013 年，碧桂园提前 3 年实现了营业收入突破 1000 亿的战略目标。

2013 年春天，碧桂园董事局主席杨国强与中国平安保险集团董事长马明哲之间有一场简短的对话。杨国强问马明哲："你管理平安万亿资产，有什么秘方？"马明哲说："我能有什么秘方，就是用优秀的人。我这儿有很多年薪千万的人。"会面结束后，杨国强对时任碧桂园人力资源总经理的彭志斌说："我给你 30 个亿，你去给我招 300 个人来。"

杨国强越来越意识到，**一个真正的卓越的公司，不是单一的产品公司，也不是单一的服务公司，而是一个真正的人才公司，"得人才者得天下"**！

2010 年之前的碧桂园，是战略定位的成功；而 2010 年之后，特别是 2013 年之后的碧桂园是人才驱动的成功。杨国强深受通用电气公司在 1990 年发动全球人才招揽计划的启发，对其在全球范围内万里挑一的人才招募方式极其羡慕。杨国强在 2013 年开始启动"未来领袖计划"，即在全球广招名校博士，碧桂园给这些人才以高薪和高职业前景的承诺，其力度与广度，为中国地产行业所罕见，到了 2016 年底，入职碧桂园的博士已超过 400 人。

通过超常规的校园招聘，碧桂园建立起一支远超同行的"青年近卫军"；同时，杨国强也在整个地产行业打开了人才战：利用猎头等多种渠道，从 2010 年的空降总裁莫斌开始，到 2016 年底，碧桂园出现了 1400 多名外来职业经理人。

在地产行业，区域负责人和城市总经理是战略性人才，各地负责人的才能和价值观直接决定了当地的销售业绩。一个不称职的负责人就像一名飞行失衡的驾驶员，会给公司带来一场灾难。碧桂园需要做的，是从根本上确保各地每一位"驾驶员"的尽心尽责，为此杨国强"成就共享"与"同心共享"的"事业合伙人"激励机制诞生了：通过让碧桂园员工入股项目，跟投获益，通过超额利润分红，让每一位"驾驶员"投入更大的工作积极性，以合伙人方式与项目更紧密地联结，从而获得更大的回报。碧桂园2016年上半年报显示，碧桂园共有319个项目引入合伙人制度，采取了项目跟投，碧桂园跟投年化自有资金收益率约为65%。

惠普公司的创始人大卫·帕卡德曾深刻地讲到，**如果公司的收入增长速度持续快于人才的补给速度，是不能建立起一个卓越的公司的。"人才充足率"滞后于"业务增长率"，组织能力就不能提升和有所保障，整个组织就无法驾驭"高速的增长"，此时此刻只能享受"增长的痛苦"！**

美国富国银行（Wells Fargo），这家1852年起家于"驿站马车业务"的银行，从优秀走向卓越的秘诀就是"先人后事"，从CEO到基层主管都以极度的热情和有序的方式保证"人才充足率"！**在富国银行，"人才充足率"是重要的，甚至重于"资本充足率"！**

富国银行CEO迪克·库利不是忙于制定应付各种变化的战略决策，而是把大量的精力放在源源不断地给公司注入更多人才上。富国银行经常在没有明确岗位编制的情况下给优秀人才发放工作邀请函，也常为了留住一个优秀的高管而上马一项该高管偏好的业务。显然，富国银行的做法是"因人设岗"，大大不同于我们一般管理学所主张的"因岗设人"的原则！

碧桂园也是如此，创新的人才管理体系不仅避免了增长的痛苦，更是将人才打造为驱动增长的引擎，成为真正的"人才驱动型组织"。

阿里巴巴两件事：战略盘点和人才盘点

很多中国企业在请全球一流的战略咨询公司制定了宏伟的战略之后，却发现它们缺乏实施这些战略的人才，只好暂时将战略规划搁置在 CEO 的书架上，沾满灰尘，弥漫着时机渐去的遗憾。那么作为公司的战略设计者，如何才能避免人才青黄不接、大将缺位，新的战略机遇无法实现的悲剧呢？

你需要定期开展人才盘点，全方位实时洞悉公司的 54 张人才王牌或者 108 将；为关键岗位制定人才后备计划；并通过人才盘点发现被各个事业部隐藏起来的高潜能人才，打破人才私有化，让人才在组织内部流动起来。详见图 9-1。

图 9-1　你手中有多少张人才王牌：CARD 人才管理模型

注：CARD，建标准 Competency，照镜子 Assessment，盘人才 Talent Review，培精英 Development。

但遗憾的是，很多企业到了年底，仅仅去做财务盘点，而没有做过人才盘点，在这些企业的董事长眼中，"财务重于人才"。携程创始人梁建章曾深刻地指出："互联网带来的最根本变化，就是人力资本和财务资本的力量对比发生了变化……如果要我用一句话来形容'互联网思维',那就是'人力资本主义'……做到持续的创新,没有其他任何捷径,只有靠吸引和留住最优秀的创造性人才,企业必须创造一个有利于持续创新的人才环境。"

人才盘点源于通用电气公司著名的 Session C(对公司人力资源工作进行评估的会议),通用电气公司通过与年度战略会议、年度经营预算会议同等重要的人才会议,保障了人才充足率,使企业能够在 24 小时内找到任何一个子公司 CEO 的继任者。

京东于 2013 年正式启动人才盘点项目,通过人才盘点,实现内部管理语言的统一,让所有管理者对人才的识别和培养形成共识。目前,京东近 80% 的总监级以上人员都是通过人才盘点从内部提拔的。

人才盘点是对组织结构和人才进行系统管理的核心方法论。通过人才盘点,可以对高潜人才的分布、人才的绩效、关键岗位的继任计划和外部招聘,以及对关键人才的晋升、激励和发展进行深入讨论,并制定详细的组织行动计划,确保组织有正确的结构和出色的人才,以落实业务战略。人才盘点不仅仅是对人的绩效／能力的盘点,同时也是组织对保障战略落地层面的有关因素的盘点,如组织架构、组织氛围和人员配比等。

曾经在通用电气公司中国区工作的关明生后来加盟了阿里巴巴,他把通用电气公司的人才盘点体系引入到了阿里巴巴。**马云每年必须参与的两大管理活动:战略盘点和人才盘点,推动战略和人之间的一致性和匹配度。**以终为始,战略一旦确定下来,企业就需要开展一次深度的人才盘点。

• 未来战略发展规划已经很清楚，我们还需要多少中高层管理者和技术专家等核心人才？

• 要顺利实现公司目标，我们的关键人才必须与时俱进，他们必须适应哪些新的要求？

• 现任的中高层管理者和技术专家胜任吗？这些一起打天下的元老们是否适应未来战略的需要和组织的需要？他们有哪些优势和劣势？

• 关键岗位有没有充足的后备人才，后备人才在哪里？是以外部招聘为主，还是内部选拔为主？在这些后备人才中，谁才是最合适的人选呢？如何准确做出判断呢？

• 如何处理继任计划中的人才空缺风险、流失风险和继任者的转型风险？

• 如何识别被各个部门埋没的高潜人才，打破"人才私有化"的格局，让人才在组织内充分流动起来，在组织有用武之地？如何帮助高潜人才在未来担当重任，激发他们的"洪荒之力"？

• 面向未来和战略转型新兴业务的领军人才从哪里来？如何避免被寄予厚望的"少帅""悍将"们没有做出期望的业绩？

打赢人才争夺战：如何绘制人才地图？

1997 年，麦肯锡提出了"人才争夺战"的概念，在此 20 年间，人才争夺战压根儿就没有停息过。如果说有什么区别的话，那就是这种争夺战变得更加激烈，对于正在快速扩张及开启国际化的中国企业来说尤为激烈！

在人才供给和储备"青黄不接"的局面下，"拔苗助长"式的人才速成方式开始出现。在发达国家，一个总监的成熟期至少需要 10 年的时间；而在中国，甚至 5 年都不到，就被委以高管重任。

人才争夺战是一场"持久战"，绝不能做到速战速决！很遗憾的是，很多企业家们却缺乏足够的耐心去等待，他们希望人才能像"豆芽"一样在三天内快速长成。 当在短期内看不到成效时，CEO 们便不支持了，开始打"退堂鼓"！ "短期化思维"分散了管理者对于人才继任储备、培训体系构建等长期问题的注意力和投入，很多企业的人力资源部门沦落为"救火式""应急式"的招聘部门。

人力资本投资周期长更加剧这一恶性循环：人才短缺阻碍企业发展，带来更大的业绩压力，而更大的业绩压力又进一步促使企业高管将注意力放到短期业绩上，从而更加忽视长期的人才管理工作！正所谓，人才培育，讲起来重要，忙起来不要！

人才争夺战需要具备"猎人"式的制胜策略，更需要"农夫"般的耐心耕耘——建立完善的人才管理体系，持续努力，不容松懈！战略性岗位上的"人才充足率"（数量上的）和"人才准备度"

（质量上的）是决定企业人才制胜的关键要素。

在人才争夺战中，我们迫切需要一张张清晰精准的"人才地图"，这是企业在人才争夺战中获胜的基本保证和关键策略！

平安集团对人才地图的表现形式进行了创新发展，独创了"三维人才地图"。常规的人才地图一般是横轴绩效维度、纵轴能力维度（有的企业用潜力）。平安创新地增加了第三个维度，即未来能力发展趋势，使之成为一张动态变化的三维地图，把工作绩效、胜任素质和发展趋势有机地结合在一起。

在平安集团，近 30 万名员工每个人都有一张个人三维图，三个维度分别为绩效排名、胜任程度及发展趋势：绩效排名和胜任程度可以让员工找到自己在集团公司中所处的位置，而发展趋势则表明了员工未来发展的可能性。

平安根据人才地图将员工分为 4 种：绩效好、潜力高的将会重点加薪、重点培训；绩效低、潜力低的将会被重点考察，两年内没有改善就会被降级、调离岗位、甚至开除；而对于绩效高、潜力低和绩效低、潜力高的"异常区"员工则需通过培训、轮岗等方式将其拉回到正常区域。

从平安集团的实践中我们可以看出，绘制人才地图需要系统思考以下关键问题。

- 识别人才需求。基于未来战略的人才需求是什么，数量是多少？我们需要基于未来的战略明确不同类别岗位的能力素质要求是什么？以及人才数量缺口有多大？人才需求的分析不能仅仅思考人才数量，更重要的是要对人才质量的标准进行定义和深入评鉴。

• 评估人才供给。人才供给评估需要深入盘点人才的现状和分布，包括数量、人效、绩效、潜力等，以及战略性岗位的人才充足率如何？有无充沛的后备梯队？有的时候不能仅仅开展"内部人才盘点"，更多的时候还需要联合猎头开展"行业人才盘点"，看一看整个行业的关键人才都分布在什么企业，他们有何动向？

• 制定行动计划。运用 5B 模型系统制定人才战略，匹配人才需求和人才供给：招聘计划（Buy）、加速发展的培养计划和晋升计划（Build）、人才高度绑定的激励计划（Bind）、制定人才外借策略（Borrow）、果断淘汰价值观和业绩低下的员工（Bounce）。

学习地图："米百俵"精神

"米百俵"精神源自一个日本典故，米百俵在日语中原意为一百袋大米。日本江户时代，在战争中败北的长冈藩县百废待兴。友军送来一百袋大米作为慰问，当时的领导人小林虎三郎并没有把这些米分给手下的武士，而是拿这些珍贵的大米作为建立国汉学校的启动资金。由此产生了所谓的"米百俵"精神：在最艰苦的时候，应立足于长远，忍一时之困难，将有限的资源用于最根本的事业，即培育人才。

未来的组织，最重要的使命是赋能。因此，HR 部门必须要有战略高度、战略远见，必须要搞明白：企业是由什么能力组合起来的，哪些才是核心能力，如何管理这些能力，又该如何提升这些能力！基于此，我们把人才管理体系定义为决定企业未来发展的"赋能引擎"。

我开发了一套工具：首先基于公司战略，为企业画一张能力图谱，把企业的战略地图转化为能力地图，挂在 CEO 和 HR 部门负责人的办公室里，随时提醒他们的使命不是搞好几门培训课程，也不是简单地核算一下工资，而是为企业源源不断地输入人才，如图 9-2 所示。

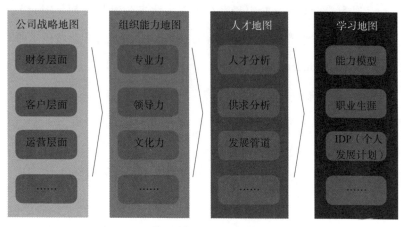

公司战略地图	组织能力地图	人才地图	学习地图
财务层面	专业力	人才分析	能力模型
客户层面	领导力	供求分析	职业生涯
运营层面	文化力	发展管道	IDP（个人发展计划）
……	……	……	……

图 9-2 能力图谱

这就需要我们从传统的、基于岗位的、追求合规同质化的人力资源管理体系，转型到现代的、基于人才的、追求战略差异化的人才管理体系。人才管理体系要追溯到战略地图和能力地图，推动整个 HR 体系从"事务专家"角色升级为"组织能力架构师"和"战略地图引导者"的角色，推动公司日积月累地去发育组织能力，以及引导全体员工协同走在执行战略的轨道上。

不要就人才谈人才，而忽视了人才与组织的关系。试想把一台保时捷 911 涡轮增压发动机放到一辆行驶在乡间小路的农用车上，显然是不能发挥其作用的，因为底盘不支持、系统不配合。因此人才是相对的，人家公司的人才不等于你公司的人才。个体的专业能力能够和整体的组织能力相匹配的员工才是企业的人才！过去 HR 对岗位能力思考得多，对组织能力思考得少；现在，需要 HR 既要具备管理岗位的能力，又要有发展组织的能力，为优秀人才的潜能发挥提供相匹配的组织平台。

我们在人才管理上不能有"豆芽思维"：希望人才能像豆芽一样在三天内快速长成；我们要有"'米百俵'精神"。

在现实中，往往当企业蒸蒸日上的时候，高管层不会想到要让忙于工作的员工去培训；在企业江河日下的时候，高管层也不会将拮据的财力投在培训上，而且培训预算往往是最先被削减的！卓越的公司都建立了内部"企业大学"，去构建员工的学习发展体系，分步骤、分阶段地发展员工的知识、技能和素质。它们在员工能力地图和人才地图的基础上，为关键岗位的专业人才绘制了"学习地图"，以提升员工学习的效率和效能，使其能以最快的速度提升能力，从而尽早地胜任工作，并达到优秀和杰出的水平。将人才培养在静态上和岗位能力模型结合在一起，在动态上和职业发展路径结合在一起。

写到这里，对于本章的总结，我仅仅想说一句话：**你缺的并不是人才，而是一套完善的人才管理体系！最终公司竞争比拼的不是人才的数量，也不是人才的质量，而是人才的管理体系。**正如任正非所言，人才不是企业的核心竞争力，人才管理体系和人才管理能力才是企业的核心竞争力。

第四模块

学习视角：通过认知升级

快速迭代战略

第 10 章
战略的底层是认知革命

> 在动荡的时代，动荡本身不可怕，可怕的是延续过去的逻辑。
>
> ——彼得·德鲁克
>
> "科学革命"的实质，一言以蔽之，就是"范式转换"。
>
> ——美国著名科学哲学家 托马斯·库恩

索尼的慢战略："醒得早、起得晚"

早在 1996 年，一家著名公司就进行了一场伟大的战略规划——OIAV 战略：Operation（便捷操作、体验）、Integrated（整合硬件和内容）、Audio（一流音响效果）、Video（一流视频效果）。该公司高管层坚信：

如今，娱乐硬件和软件市场正在被数字和网络技术的力量重新定义。我们的行动路线非常清晰，我们仍会继续推动公司硬件和软件业务之间数字技术的整合。创新能力是我们的核心竞争力，未来依然是！我们不是做加法，而是做乘法，将硬件终端和音乐、电影、游戏等内容彻底融合起来！

"OIAV 战略"的确非常富有远见，早在 1996 年就预见到了 10 年之后的现实，这可谓是一份伟大的战略规划。让我们来看一看，这是哪一家企业？

令人惋惜不已的是，这家企业是索尼（索尼是世界上拥有音乐版权数量最大的公司之一）！索尼"有战略"，这个战略也是个"好战略"，同时也是具有核心竞争力和庞大资源支撑的"实战略"。

在苹果推出 iPod 之前，索尼就推出了自己的数字音乐播放器，并在 1999 年的世界计算机博览会上展览过，同时它还可以和电脑共享音乐。既然如此，为什么索尼还是失败了呢？

杀死索尼的"隐形杀手"是索尼高管层的心智模式。什么是心智模式呢？心智模式是一种认知，基于过去经历和经验而形成的、根深蒂固的"归纳、迁移、投射"，它决定了我们对外界的理解方法和决策导向。

逻辑学家通常将过去规律应用于未来情景的过程称为"归纳"，心理学家称之为"迁移"，哲学家纳尔逊·古德曼则提出了更形象的术语"投射"。不管是什么术语，其涵义就是将先前的经验作为未来的指引。

每一位企业家都会对过往的成功和失败进行加工归纳、总结，并提取出其潜在规律，再将这些规律投射到未来，制定出相应的战略。因此，构建战略的基础是董事长或 CEO 们对外部世界的自我认知。但遗憾的是，**面对波澜壮阔、动荡巨变的未来，先前的经验在很多时候是一种误导，过去和将来并非互为镜像！**

其实，通俗地讲，心智模式就是你对行规的认定。每一位高管层对其所在的行业都非常熟悉，对这个行业的基本模式和基本规则，该如何生存和如何经营，都有深刻的认知。在此基础上，你对这些行规产生了"认定"，认定其为颠扑不破的真理和客观规律，这就形成了你的心智模式。

正如爱因斯坦所言，"我们的理论决定了观测的结果"。心智模式会影响我们所"看见"的事物。**在一定程度上，我们不是在"看见事物"，而是用我们的认知去"投射事物"。**

在索尼音乐部门眼中，歌曲应该是打包销售的，这是"行规"！不管你需不需要，必须要买下一张专辑，不论你想听的是全部的内容抑或仅仅是其中的一首音乐。因此，索尼音乐部门的高管拒绝和播放器硬件部门合作，加速音乐数字化和一首一首地定价歌曲。

而在乔布斯眼中，歌曲完全可以一首一首地销售。通过允许顾客单独购买一首歌曲的策略性定价，iTunes 改变了用户的一大"痛点"：当他们只想要其中一首或两首歌时，却不得不把整张 CD 买下来。基于此，后来者居上，苹果的 iPod 远远超越了创新先行者的索尼。

到了 2004 年，索尼终于看到了自己才是最具优势的，自己是便携式数字音乐播放器的首创者，同时手中又拥有庞大的音乐资源，于是快速推出了一款和 iPod 相似的产品 Net-Walkman（网络随身听）。

但是，最佳的市场窗口期已经错过了，索尼的战略是一个不折不扣的"慢战略"：醒得早、起得晚、走得慢，创新的巨人成了行动的矮子！

战略升级的基础是认知升级

心智模式来自哪里？来源于过往的成功。很多高管层会从过往的成功中提炼经验、总结规律和形成理论，尽管这些仅仅是"假设"并非"真理"。

心智模式的问题也不在于它是对还是错，而在于我们经常忘记了心智模式不过是"一种假设"，以及它隐藏在人们的脑海之中，不易被察觉与检视。

正如，美国大型汽车公司不会说"我们有一个基于人智模式的假设，所有的人都在乎款式、不关心油耗"；他们会说"所有人都在乎款式，不在乎油耗"。因为他们从未觉察到自己的心智模式，所以这些模式一直未受到审视；因为未受到审视，这些模式也就一直没有改变。在新能源汽车和无人驾驶技术快速发展的产业转型新时代，传统的燃油汽车制造商有什么心智模式在妨碍着他们的战略转型呢？

很遗憾的是，改变心智模式的主体往往不是自己，而几乎都

是在竞争对手的推动下才幡然醒悟：这不过是个假设而已。鸡蛋从外部打破时，是一盘食物；鸡蛋从内部打破时，是一个生命。

在固有心智模式的作祟下，索尼音乐部门坚决抵制音乐内容数字化的建议，由于害怕 MP3 的流行会危害其大量的音乐版权，索尼一直拒绝支持绝大多数公司都认可的 MP3；同时，一首一首地销售歌曲，势必会大大降低销售额。

尽管索尼几乎拥有了所有的成功要素，但是却走错步、下错棋，失去了赢得 MP3 市场的大好机会。在自己搭好的舞台上，索尼成了一个配角。在 20 世纪，因为索尼公司的创新能力超前，很多媒体都喜欢把索尼尊称为"21 世纪型企业"。具有讽刺意味的是，进入 21 世纪后，索尼反而退化成了"20 世纪型企业"。

历史学家尤瓦尔·赫拉利在其《人类简史》一书中提出了"认知革命"一词，七万年前的认知革命对人类而言是一条分界线，它将生物学与历史划分开来：认知革命之前，人其实只是一种普通的动物，所有发生在人身上的事都可以用生物模型和理论来解释；然而从认知革命开始，人类可以虚构故事、概念和想象，生物模型已经无法解释人类行为。

认知，是人和动物之间的本质差别。其实，认知也是人和人之间的本质差别。人和人一旦产生认知差别，就会做出完全不一样的决定，比如索尼的负责人和苹果公司的乔布斯。企业家的认知边界是企业的真正边界，如果无法自我突破，就会形成遮蔽性，过去的成功法则将是未来发展的最大障碍。

猎豹创始人傅盛非常认同这一点，他讲道："企业卓越的核心是一家公司和一群人的认知升级，否则不可能真的迈上新台阶。认知不统一，事情推不动。推不动的本质是大家没有建立对这件事重要性的认知。"**企业家所拥有的资源能力、兵力和财力都不重要，重要的是他自身的心智模式以及认知升级的速度。**

大数据时代的心智模式扫描仪

如果你还是微小公司，正处于创业起步阶段，最好学习诺和的策略。发动侧翼战对创业者来说也是比较好的战略。**创业者的"破坏性创新"一定来自于那些行业领先者不屑一顾的事情，看不见、看不起和看不懂的事情，甚至是一些巨头们嘲笑的事情。**360董事长周鸿祎分享到："真正的颠覆力来自于微观的地方，来自于侧翼，来自于边缘，来自于把你的资源聚焦在一点，追求极致。"

战略规划的核心任务不是输入一份战略规划报告，而是要重塑企业决策者的心智模式，加速整个组织的认知升级！

任正非在2013年12月的新年讲话中提到："这个时代前进得太快了，若我们自满自足，只要停留三个月，就会注定从历史上被抹掉。正因为我们长期坚持自我批判不动摇，才活到了今天。"

华为始终处于战略发展状态，这其中的缘由就是以任正非为首的管理层具有强大的深层学习能力，他们的自我批判就是推动华为管理层不断改善心智模式、不断调整"假设"，防止被"假设和经验"绑架。

现在，我来介绍一个比较实用的方法，这个方法叫作"心智模式扫描仪"，一共分为 4 个步骤，如图 10–1 所示。

步骤 1：描绘当前的心智模式

为企业发展的每个主要方面描绘出当前的心智模式，
用简短的句子总结出该企业目前的总体思维模式。

步骤 2：追踪心智模式的起源

如果可能的话，找出心智模式的每个方面的缘由，
包括它的起源以及为什么会做出这种选择。

步骤 3：起初的条件还存在吗？

审视心智模式的源头，今天的环境是否依然有效？
有哪些条件发生了改变？

步骤 4：设计一个或多个新的心智模式

想象一下，根据今天的情况（以及你对未来的判断）设计一个
新的心智模式，这个心智模式的每个方面将会是什么样子？
把新的心智模式总结为一个总体思维。

图 10–1 "心智模式扫描仪"的实施步骤

比如在土地革命战争时期，红军内部也存在着一种错误的心智模式，就是进攻中心城市，毛泽东就开始思考这种心智模式的起源，其实就是盲目地模仿苏联模式。那这种心智模式存在的条件还存在吗？当然不存在，中国和苏联的实际情况差别太大了。因此需要重新设计心智模式，就是要走农村包围城市的道路。

心智模式扫描仪就是要让我们"悬挂假设"，先将曾经的"成

功经验和制胜法则"当成假设，悬挂在眼前，然后不断地进行质询：这些假设的起源是什么？它是从哪里来的？当初成功的条件还存在吗？

如果不能克服头脑中的组织防卫，我们就会习惯性地进行"跳跃式推断"：在大脑里不断"下载"过去的心智模式，只看到自己想看到的，我们的注意力是放在过去的，不是放在未来的，无法"向正在生成的未来学习"。

研究表明，在心智模式扫描仪中使用大数据，可以加速改变心智模式。在客观的大数据面前，一些假设就会变得苍白无力。大数据时代最大的转变就是，放弃对因果关系的渴求，取而代之关注相关关系，也就是说只要知道"是什么"，而不需要知道"为什么"。在心智模式的深层学习中，我们最大的挑战就是因果规律上的连续性，过去的经验和未来的现实之间往往并没有因果关系。

当大量客观的数据摆在我们面前时，我们才会知道"尿布"和"啤酒"竟然是有关系的，我们的心智模式才会启动，去寻找其中的原因，来推动我们树立一个新的心智模式。

事物的发展常常出乎我们的想象力和既有心智模式之外。当AT&T（American Telephone & Telegraph，美国电话电报公司）在20世纪80年代中期向麦肯锡公司咨询向手机市场发展的建议时，麦肯锡的结论是，全球潜在的市场规模是90万部。而现在，90万这个数字仅仅是每三天新增的手机用户数量。因此，当我们紧握拳头对某一事实说"唉，我明白了"的瞬间时，这一事实就像沙子从手掌中散落一样，已成为过去了。

企业家的意义在于打破行规

既然我们把心智模式简单地定位为"对既有行规的认定"，那么改变心智模式的最佳方法无疑就是"打破行规"。打破行规，你就是在开展"破坏性创新"，这也是作为企业家的职责所在。

著名经济学家熊彼特在其 1942 年出版的经典著作《资本主义、社会主义和民主》中首次提出了这一术语，并将其定义为："一种从内部不断变革经济结构、不断破坏旧结构，又不断创建新结构的产业突变过程。"

熊彼特认为，**企业家唯一的职责就是"破坏性创新"，他们颠覆了旧的市场统治格局，废弃了旧的产品或服务："企业家这个称谓往往不是永远的，而是暂时的。也许你通过破坏式创新成为企业家，但是一旦你停下创新的脚步，你就不再是企业家了，只是一名执行日常管理职能的管理者了。"**

借助新技术和新商业模式，我们已经看到了很多破坏性创新的战略实践：没有一家酒店的爱彼迎却成了全球最大的酒店公司；没有一辆出租车的优步却成了全球最大的出租车公司；谷歌公司或者百度公司借助无人驾驶技术，未来有可能成为全球新一代的汽车制造商；IBM 借助人工智能，可能会颠覆医生的铁饭碗……今天我们介绍一个另类案例，这家企业既不靠新兴的技术，也不靠创新的商业模式，仅仅靠打破头脑里的"行规"就创造了一个战略传奇！

这是一家非常传统的葡萄酒企业，名为黄尾（Yellow Tail），其创始人约翰·卡塞拉一直在思考，为何葡萄酒不可以做得像啤酒、鸡尾酒那样好喝易饮，于是他开始不断地挑战葡萄酒行业的行规。

他打破行规问的第一个问题就是：为什么葡萄酒的密封一定要用橡木塞？橡木塞不容易开启，所以这家葡萄酒企业开始用锡盖螺旋塞，一拧就开。黄尾还简化了葡萄酒的品种，只推出了两种酒：莎当妮白葡萄酒和雪瑞芝红酒，并将红酒和白酒装在同一式样的瓶子里。这极大降低了整个供应链的成本，使得生产、物流和购买更加简便。黄尾还对传统葡萄酒进行了口味改造，减少苦涩、加重甜味，使那些从不喜欢葡萄酒的消费者也能接受这种口味。

这家公司做了这么多打破行规的事情，他们的葡萄酒能卖出去吗？事实上黄尾葡萄酒的销量非常惊人，2007年的销量已经达到850万箱，世界百强葡萄酒品牌中黄尾葡萄酒位居第5。

现在，我们来总结一下黄尾葡萄酒打破行规的方法，这个模型叫"战略布局图"，就是把既有行业的战略布局打乱，重新布局一次，其核心举措就是"加、减、创、除"。

• 加，就是将既有的某些行规标准加高，哪些因素应拉高到远高于行业标准？黄尾葡萄酒的价格高于经济型葡萄酒，同时在销售环节还让零售商充分参与进来。黄尾让零售商店的员工穿上澳洲特色服装，打扮成黄尾的形象大使。

• 减，就是大幅度降低某些既有的行规标准，哪些因素应降低至远低于行业标准？比如，黄尾大幅度降低了葡萄酒行业一贯注重的丹宁工艺、橡木发酵、年份品质、庄园声望等。同时，黄尾葡萄酒也大大减少了葡萄酒的种类，刚开始只有 2 款产品。

• 创，就是创造些新的行规，从别的行业引入哪些行规到目前的行业中来？黄尾创造了行业的 3 个新因素：易饮、易选、刺激有趣，在营销上把鸡尾酒的消费内涵植入到了葡萄酒中。

• 除，就是去除某些行规，行业内哪些习以为常的行规应该消除？黄尾在包装上非常简单，去除了传统葡萄酒的形象标识，瓶子上也没有注明葡萄原产地，包括酿酒工艺术语和荣誉奖项。

跨界创新和跨界打劫

总体上说，黄尾葡萄酒还是在产业内打破行规，并没有跳出产业之外，而更多打破行规的经典案例来自于行业之外：一种是比较温和的跨界创新，另一种是比较激烈的跨界打劫。

2006 年，我帮助碧桂园做上市前的战略规划。走进其创始人杨国强的办公室，你根本无法相信这就是他的办公室，装修得很简陋，他和女儿杨惠妍共用一个办公室，他的老板桌很小，也许只能算是个办公桌。书柜很大，摆满了书，办公室里有一个很小的卧室和卫生间。

除了简陋之外，给我印象最为深刻的还有一点：他的卫生间里堆了很多书。我和杨国强面对面坐下，他开始与我分享他的创业历程，我发现杨国强是位跨界创新的高手。

1992 年，碧桂园成立，杨国强从他过世的兄长手中接下了一个烂尾项目，便开始了跨界创新：过去，教育是教育，地产是地产，而杨国强在地产项目里面盖学校，开创了教育地产的先河。后来，他又尝试在地产中融入更多其他产业，如五星级酒店等，这也是"碧桂园给您一个五星级的家"的关键所在。

杨国强的实践非常符合经济学家熊彼特所描述的企业家特质。熊彼特认为，所谓创新就是"生产要素的重新组合"，企业家的职能就是实现创新，打造新组合。

除了跨界创新之外，还有跨界打劫，一个行业发生的创新摧毁了另一个行业：柯达胶卷被奥林巴斯等数码相机打劫了；正当数码相机企业刚刚享受胜利时，他们的厄运却来得如此突然，很多人开始用智能手机拍照。

2007 年，我被邀请到中国银行讲战略，我向他们提出的一个研讨题目是"如果谷歌也做银行，你们该怎么办？"几乎所有的学员都认为我是个疯子讲师，谷歌怎么可能去做银行？谷歌也许不会去做银行，但是这代表着互联网对传统银行业的冲击，如果谷歌直接把存款人和贷款人联系在一起呢？

2013 年 7 月，我再次被中国银行邀请讲战略，我依然出了同样的研讨题目，学员们的讨论简直热烈极了！因为我过去的设想变成了现实，尽管谷歌没有做，但是现在 IT 企业都在做互联网金融，最典型的就是蚂蚁金服、众安保险和京东金融。

为什么说是"跨界打劫"呢？这些"跨界者"袭击邻近产业的手法就是直接捣毁对方企业的主要利润源和利润池，就像古代打仗时直接把对方的粮草补给线切断一样。它们往往直接以高补贴甚至是完全免费的战略来破坏对方的利润池，就像腾讯用微信直击中国移动的利润池一样。微信是免费的，腾讯不靠微信来赚钱养家，而中国移动却需要短信和通话来盈利糊口。一旦盈利通道被截断，利润池中的水被吸干，企业就只能缴械投降。

在跨界创新和跨界打劫的趋势下，产业边界越来越模糊。创新也具有"光波二象性"，它既像科技创新，又像商业模式创新；既像本行业的自然逻辑延伸，又像是不相关的多元化，两者相互迭代，成对出现。比如谷歌大力研发无人驾驶技术、IBM 积极转型人工智能等等。

在一定程度上，行规是大家的假设，行业的边界也不过是大家思维的产物，并不是大自然客观界定的。我们要从全新的角度去审视传统的产业概念，你完全可以没有产业边界，自定义或者没有定义。到如今，你该如何定义亚马逊处于什么行业呢，尤其是在亚马逊发展了 AWS 云计算业务，以及并购了全食超市之后？

第11章
成为快战略驱动的敏捷组织

> 如果你无法解释你的存在，你即将不存在。
>
> ——哲学家　李泽厚
>
> 天下武功，无坚不摧，唯快不破。
>
> ——演员　李小龙

降低战略智商的三大惰性

从"山寺桃花始盛开"的春天到"窗含西岭千秋雪"的冬天，一年四季的变化令人陶醉。然而，寒冬逝去，夏暑复回，这种变化规律是稳定的、周期性的，是不变的。

在很久之前，很多企业的经营过程也是如此，它们的变化是周期性的，或者是线性的，未来是可预测的，需求和市场是相对稳定的，产业的边界是清晰的，企业的发展是有迹可循的，企业几乎处于一个"时钟式的世界"。

在牛顿科学观和工业时代，人们认为世界是由确定性、规律性的原子构成的利用天文学物理方程式，人们可以轻松地预测一百年后月亮的位置，因为在时钟式的世界里，没有真正的变化，过去和将来是对称的、互为镜像的。

因此，企业可以基于过去推测未来，可以基于现有资源和能力确定成长的方式与速度，企业的战略可以是一个缓慢的规划过程、执行过程和调整过程。外在的缓慢性决定了内在的缓慢性。

与牛顿科学观主导的工业时代不同，现在已经是量子科学观主导的智能时代，我们称之为 VUCA 世界，即整个经营环境日益呈现出 Volatile（动荡的）、Unpredictable（不可测的）、Complex（复杂的）、Ambiguous（模糊性）。在一片混沌的世界，面对错综复杂的量子纠缠，未来就是不确定性的。

移动互联网、物联网、新能源、无人驾驶、共享经济、大数据、云计算、虚拟现实、基因编辑、人工智能……新技术、新商业模式、新物种层出不穷，颠覆式创新和跨界打劫已经成为竞争的常态，过往的成功法则和核心能力迅速沦为僵化思维和核心阻力。

这些僵化思维和核心阻力，让很多企业丧失了学习的敏锐度，它们的战略成了像恐龙一样的，反应迟钝、行动迟缓的"慢战略"！

天下武功，唯快不破。上乘的战略都讲究一个"快"字，哈佛商学院韦尔斯教授称之为"战略智商"。

• 三流战略智商企业行动迟缓，无法跟上外部环境的变化，因而被变化所抛弃。

• 二流战略智商企业行动敏捷，能够应对变化做出快速改变，保持战略的动态性和适应性。

• 一流战略智商企业创建变化，主动变化比反应能力更为重要，他们不断改进当前战略，能够快速推动创新，这些创新是引领变化的，正如苹果 iPhone 手机一样。

经验数据表明，**85% 的企业是三流战略智商，10% 的企业是二流战略智商，只有 5% 的企业才能算是一流战略智商。**有意思的是，这是一个动态的分布，曾经作为 5% 一流战略智商企业，在经历成功之后，往往会沦落为 85% 的三流战略智商企业。

在一定程度上，"成功是失败之母"，柯达、诺基亚、索尼等伟大公司的陨落，都证明了这一点。**促使企业获得成功的因素为企业谱写了走向死亡的进行曲，因为一旦在战略上获取成功的企业，往往会面临着战略惰性、能力惰性和人员惰性的三重困扰。**

• 战略惰性，大家深信过去公司成功的法则会延续下去，基于过去推测未来，未能及时改变战略，推动业务转型和战略创新。

• 能力惰性，公司已经熟练了这些与战略匹配的核心能力，舍不得放弃，对重构一项新的能力大家既陌生又恐慌。

• 人员惰性，没有人喜欢改变，他们会抗拒你调整战略和组织结构，让他们去执行一个他们不熟悉的新战略，他们的速度就像电影《疯狂动物城》里的"树懒"。

超级邮轮紧急制动时，即使将发动机改为倒档，邮轮也需要再滑行近 2 千米后才能停下来，这种对变化产生阻力的属性就是惯性。因此，要调整、改变一个企业的战略或者运营模式，即使不遗余力地执行变革方案，往往也需要经过近 2 千米的源于惰性和惯性的阻力才能做到。

尽管如此，总有一些卓越的公司能够做到"快战略"，它们可以快速打磨一个制胜的创新产品，可以经营出极速的"指数型增长"。尽管它们具有大企业的规模但仍能够保持小企业的敏捷。让人沮丧的失败案例不再赘述，下面我们看看一些成功的故事。

快战略的典范：微信的极速进化

很多人都在使用微信，但对于微信"快战略"传奇崛起的细节却知之甚少。微信快战略快到什么程度：第一年发布了 15 个版本，不到 2 年就突破 1 亿名用户数！

尽管已经没有机会再打造出第二个微信（小米的米聊、网易的易信、阿里的来往都以失败告终），但是微信背后的快战略启示，却可以对很多企业在产品创新上大有裨益。

财经作家吴晓波在《腾讯传》中这样评论微信："从 2011 年 1 月 21 日微信上线，到 2014 年 1 月 24 日的抢红包引爆，这 3 年是属于微信的'创世纪'时间，它的光芒掩盖了互联网领域里的其他一切创新。毫不夸张地说，微信创造了另外一个腾讯。"下面让我们一起来看看微信的"创世纪"历程。

2010 年 10 月 19 日，一款能够实现免费短信聊天的社交软件 kik，登录了苹果商店和安卓商店。这款社交软件在短短 15 日之内，吸引了 100 万名使用者。

2010 年 12 月 10 日，崇尚"专注、极致、口碑、快"七字诀的雷军带领开发团队，仅仅用了 1 个月，就发布了中国第一款模仿 kik 的产品——米聊。

微信之父张小龙也注意到了 kik 这款社交软件，决定要快速模仿跟进。他在行动上比雷军晚了 1 个月的时间，他带领了一支不到 10 人的小团队，用近 70 天的时间完成了第一代软件的研发。2011 年 1 月 21 日这款软件正式推出，取名"微信"。

"快战略"不需要原创，不需要"十年磨一剑"，但需要有学习外部市场的敏锐度，能迅速领悟到市场机遇，快速模仿跟进！

微信 1.0 版几乎没有收到任何的市场反响。在中国，电信运营商已经提供了丰富的套餐服务，以省短信费为卖点的类 kik 产品几乎没有出路。在张小龙看来，移动互联网时代将是一个图片为王的时代，微信 1.2 版迅速转向图片分享。

在"快战略"的词典里，没有一出场就完美的表演，快战略需要快速迭代，甚至快速调整方向。

小米的米聊也在快速迭代中，2011 年 4 月，米聊迅速借鉴了一款 TalkBox 应用软件的对讲机功能，用户突然变得活跃起来。同年 5 月，微信新版本也快速跟进，增加了语音聊天功能，用户日增数从一两万提高到了五六万。

有个很经典的笑话：说两个人碰到了熊，一个人使劲跑，另外一个人说别跑了，你又跑不过熊；跑的那个人说，我不需要跑过熊，我只需要跑过你就行。**"快战略"也是如此，你不是在和过去的自己比速度，你也不一定要跑得过外部市场，但你一定要跑得过竞争对手！**

从此以后，微信不再跟在小米的后面，而是开始以急行军的速度超越米聊。微信的"摇一摇"和"漂流瓶"功能相继上线，第一个月的使用量就超过了一个亿。"摇一摇"这个功能最早属于 Bump 应用软件，该应用可以让两个人碰一下手机来交换名片，微信快速完成了这项功能的移植。2011 年 7 月，微信推出"查看附近的人"功能，这个功能彻底扭转了战局，微信的日增用户数一跃达到了惊人的 10 万以上。

2012 年 3 月 29 日，距离微信上线仅 433 天，微信用户数突破 1 亿！Facebook 在线用户数突破 1 亿用了 5 年半，Twitter 用了整整 4 年。在互联网史上，微信是迄今为止增速最快的在线通信工具。

2012 年 4 月 19 日，微信推出新功能"朋友圈"，这款通信工具开始向社交平台升级。在随后发布的微信 4.2 版本上，推出了视频通话功能。8 月 23 日，微信"公众号"平台上线，它兼具媒体和电商的双重属性，开创了"自媒体"这一新物种，企业商户也可以低成本、快速度发布商业资讯，开展精准营销。

2013 年 8 月，腾讯支付工具财付通和微信打通，推出微信支付功能；2014 年 1 月 24 日，微信发红包、抢红包开始引爆，为微信带来了大量支付绑定用户。

经由微信的激发，腾讯的股价在过去的 5 年里增加到近 5 倍，从 400 多亿美元飙升到 2000 亿美元。在 2017 年 8 月 1 日，腾讯市值突破 3 万亿港元，成为全球前 10 大市值公司。

腾讯的"快战略"方法论

微信的创世纪历程是对腾讯快战略方法论的完美演绎！如何实现快战略？快战略的内涵又是什么？马化腾总结出了三大法则：速度、灵活度和冗余度。

（1）快战略的第一法则是"速度"

移动互联网时代的最大特点是变化极快，传统的分析用户、调研市场和制定产品三大规划，已经不合时宜。所有的创新行为和想法都必须在最短的时间内呈现出来，一个好的产品往往是从不完美的 MVP（Minimal Viable Product，最小可行化产品）开始的。这也是精益创业的核心思想。

马化腾讲到，"有些人一上来就把摊子铺得很大、恨不得面面俱到地铺好局；有些人习惯于追求完美，总要把产品反复打磨到自认为尽善尽美才推出来；这些做法在实践中经常没有太好的结果，因为市场从来不是一个耐心的等待者。"

这其中的秘诀就是"小步快跑，快速迭代"。为了能够小步快跑，就需要降低负荷，要抛弃一切暂不重要的其他功能，把极简的功能展现给客户，快速实现单点突破。

无论客户好评或客户差评，都要以最快的速度知道客户反馈和市场结果，通过一次又一次的快速迭代不断让产品的功能丰满。为了实现单点突破，允许产品的不完美，但却要快速向完美逼近。

（2）快战略的第二法则是"灵活度"

快战略的内涵并不仅仅指速度，还包括灵活度。"速度"体现出的是相对值，速度的高低，是与竞争对手的速度相关的。在微信成长历程中，米聊其实是领先一步的，如果米聊能够具有超强的耐力，速度能够持续领先微信，也许微信的辉煌会属于小米公司。

"灵活度"体现出的是概率值，比如成功避开对手攻击的几率有多高，能否根据客户需求的变化而快速应变。冲刺中的快速度往往会降低灵活度，因为速度的惯性会让快速调整变得非常困难。灵活度又与体量规模成反比，体量规模越大，灵活度就越差，比如大象体量很大但缺乏灵活度，让大象跳舞更是难上加难，IBM的组织转型就是如此。

作为陆地上运动速度最快的动物，猎豹的确有着极快的绝对速度，但是快速变向能力才是其捕猎时真正的"撒手锏"。马化腾讲到，**"互联网生态瞬息万变，应变能力非常重要，主动变化能力最为重要"**。企业要同时拥有速度和灵活度，就是说企业要敏捷。敏捷更多强调的是被动式应变能力，如果主动变化能力超强，这种敏捷便可以称为"智能敏捷"。

体量规模、速度和灵活度这三个要素是 VUCA 时代最重要的竞争要素，很遗憾，这三个竞争要素是相互排斥的，互联网企业如果不保持敏感的触角、灵活的身段，一样会得大企业病。腾讯同时做到了这三点：体量规模、速度和灵活度，它是一个快战略驱动型的敏捷组织。

（3）快战略的第三法则是"冗余度"

在快战略中，时间是一种最为稀有的资源，浪费时间比浪费金钱更为可怕！因为金钱可以重获，而时间永不可逆。因此，为了避免浪费时间，腾讯允许适度浪费财物，比如两个团队同时研发一款产品，鼓励内部竞争、同步试错，而不把战略性的产品研发放在一个篮子里孵化。

并非所有的系统冗余都是浪费，很多人都看到了微信的成功，但大家不知道，其实在腾讯内部，先后有几个团队在同时研发基于手机的通讯软件，每个团队的设计理念和实现方式都不一样，最后微信受到了更多用户的青睐，不创造各种可能性就难以获得现实性。

俗话讲，火车快不快、全靠车头带。"三度法则"的彻底释放，还需要一个最重要的火车头：马化腾。马化腾是一个"高速度"的工作狂人，他的工作速度带动了整个组织的加速度。从《腾讯传》中我们可以管中窥豹："一天早上来到公司，我发现 Pony（马化腾的英文名）凌晨 4 点半发的邮件，总裁 10 点回了邮件，副总裁 10 点半回复，几个总经理 12 点回复了讨论结论，到下午 3 点，技术方案已经有了，晚上 10 点，产品经理发出了该项目的详细排期，总共用时 18 个小时。"更何况，腾讯"快战略"的动力不仅仅是马化腾一个火车头，腾讯事业群组织架构早已成为一个动车组，每节车厢都有动力装置，因此能跑得又快又稳。

学会打"闪电战"

腾讯的快战略方法论比较适合新产品的快速研发和快速推出。对于很多处于成长期的公司而言，他们"快战略"的情境更加外向化、更具复杂性，他们需要的是一场场的闪电战。

- 这些企业需要快速扩大规模，因为只有规模到了一定量级，企业才有价值，比如当滴滴打车和领英有数百万人使用时，它们才能从资本市场上融到更多资金，以支持企业进一步发展。

- 同时，他们处于一个竞争非常残酷的市场，有很多竞争对手在复制同样的技术或商业模式，比如共享单车市场中的摩拜和 ofo。如果是一个赢家通吃的市场，大家都希望自己成为客户的第一选择，这犹如在奶粉市场，大家都在争夺婴儿的第一口奶。有的企业，天生就处于一个全球化竞争的市场中。

- 因为处于"成长期"，所以规模扩张的含义是丰富的，不仅仅包括用户规模的扩张，也包括收入规模的扩张，更包括组织和员工人数的扩张。很多创业者能够应付用户和收入规模的极速增大，却对组织管理的复杂性和员工文化的稀释无能为力。

快战略的另一种呈现就是"闪电战"。闪电战是第二次世界大战期间德军创造的战术，德军依靠坦克集群的快速突击、飞机的空中突袭和伞降的高速配合，像闪电一样快速完成打击：27 天内征服了波兰、1 天内征服了丹麦、5 天内征服了荷兰、39 天内征服了法国……闪电战的原则就是奇袭、集中和速度！

我们可以把闪电战的方法论用到"快战略"中来。

· 第一步：备战。在发动闪电战之前需要思考进攻哪个目标战场？也需要深入思考你是否处于一个有效的扩张市场，这个市场是否足够大，你的产品或服务的完善度如何？对于你的闪电行动，主力竞争对手会如何反应？克劳塞维茨警告我们：没有什么计划在遭遇敌人后还有用。

· 第二步：集结。在发动闪电战前夕，将兵力彻底集中于一个狭窄的正面上，各种攻击资源纵深部署，为了形成超强的冲击力，真正的攻击面会比集结面更窄一些。你还需要完成人才、服务器、后续融资等各种战略资源的集结，你要避免全面铺开，要集中优势兵力逐个突破，在尽可能短的时间内"折叠"空间。

· 第三步：突破。使用压倒性优势武力，以尽可能快的速度获得最大强度的冲击力，击穿敌人战线。尽管你手中没有坦克和飞机，但是你有很多商业竞争策略可以形成冲击力。在个人退休账户市场，嘉信理财针对富达集团发起了闪电战，其中的撒手锏就是免除客户管理费，其厉害之处就是"以我们最小的痛苦换来他们最大的痛苦"，让富达集团无力反击，因为客户管理费是富达公司非常大的一块收入。

• 第四步：席卷。突破结束，开始全速向敌人后方做大纵深的突进，进行分隔包围，孤立敌军主力。闪电扩张的结束，意味着你已经有了自己的市场和根据地，在某个局部已经形成霸主地位，你需要下一步的闪电扩张，从一个局部市场扩展到全球市场，将胜利的精神动力转化为持续的战斗力。这个过程，最重要的是各种资源的快速补给和组织能力的加速提升。优步在闪电扩张中，需要加速补给工程师，经理们会问每一位新入职的工程师，"你以前在工作中合作过的最好的三位工程师是谁？"然后他们给那些工程师发录取信，没有面试、没有背景调查，只是一封录取信。

正如领英创始人雷德·霍夫曼所言："闪电扩张在管理上总是效率低下的，而且会很快烧掉很多资金，但是为了扩大规模，你必须愿意承担这些低效率，这与大型组织截然相反。"几乎每个闪电扩张的公司内部都有很多不快乐，"真是混乱，这个地方简直一团糟"，无论脸书、领英或滴滴、摩拜，它们都牺牲了管理的秩序性，兴奋于闪电扩张，因为伟大的愿景正在加速实现。

其实，**这不是混乱，这是混沌！混沌是快战略的常态，快战略是制造混沌而不是创造秩序。**"混沌"是因为现实是灰度的，未来是不确定性的，我们不是在非此即彼、非黑即白之间做出选择，我们需要持续创新，快速尝试，快速失败或者快速成功。**清晰的方向在混沌中产生，那些真正有活力的生态系统，外界看起来似乎是混乱和失控的，其实是组织在自然生长、进化，在寻找创新。**

快战略背后的敏捷组织

战略跟着时代走，组织跟着战略走。快战略就决定了组织必须敏捷起来。组织是我们对所处时代主导性世界观的表达。每当我们改变了看待世界的根本方式时，就会创造出全新的、更有力量的组织类型。在以牛顿科学观为主导的工业时代，我们假定所有事物都是确定的、可预测的，如同机器一般运转，我们追求战略的逻辑性和组织的稳定性。

基于此，韦伯所提倡的官僚制科层组织是整个社会的主要组织形态，科层组织遵循分层分级、集权统一、指挥服从、非人格化等原则，直线职能制、事业部制和矩阵制的组织结构都属于官僚制科层组织。

以量子科学观为主导的智能时代，我们认识到世界是不稳定、难以预测的，我们需要学会应对不稳定性和不确定性的局面，世界不是一个具有机械原理的大型机器，而是一个如生命一样的复杂适应系统，我们需要通过反复试错来探索未知！

在量子世界里，传统的科层组织愈富有秩序、愈一体化、愈精致，也就会变得愈脆弱，分工明确、层级清晰所带来的高效，

其实和敏捷无关，对快战略无益！

在量子世界里，组织建设的重要原则，就是最大限度地降低自身瓦解的脆弱性。正如《反脆弱》一书中写道："一成不变的精密管理体系是脆弱的，而'快速失败、迭代创新'的硅谷公司是反脆弱的。"

这也是腾讯创始人马化腾的理念，他构建了生物型组织，让企业组织本身在失控过程中拥有自组织能力，即让核心人才、组织结构、工作流程和企业文化等具有自主进化、自主生长、自我修复和自我净化的能力。

很多企业都希望成为"快战略驱动的敏捷组织"，像华为、海尔和韩都衣舍也都进行了成功的敏捷组织转型。

• 华为通过"铁三角"的组织创新让"一线听得见炮火的人呼唤炮火"。铁三角是以客户经理、解决方案专家、交付专家组成的工作小组，铁三角关系并不是一个三权分立的制约体系，而是目标导向、生死与共、聚焦客户需求的作战单元，其目的是：发现机会，咬住机会，快速响应客户需求，将作战规划前移，呼唤与组织后台的资源和力量，达成以客户为中心的战略目标。

• 韩都衣舍通过"小前端、强后台"的平台型组织让自身成为中国超越 ZARA（全球连锁服装零售品牌）的"快时尚"集团。韩都衣舍完成了从"公司＋雇员"的科层组织形态到"平台＋个人"的生态组织形态的敏捷转型。传统的

"公司＋雇员"的组织形态可以理解为"火车模式",创始人是唯一的动力系统;平台化组织是"动车模式",每节车厢都是动力系统,整个组织靠大家共同驱动。韩都衣舍的组织架构非常扁平,几乎是水平型的组织结构,300 个左右的"小前端"和 7 大赋能后台相互协作、水平沟通。每个小前端就是一个产品小组,小组全权负责产品设计、品牌运营、生产交付,权力被下放到最小单元,从而加快了对市场时尚的反应速度,促使了企业的自驱动、自进化。

• 海尔大力打造"人人创客"的平台让整个企业成为赋能型组织。海尔创客机制让每个人都能与用户零距离接触,让员工当上 CEO 或创客,创客与海尔的关系,是合伙人投资关系,员工从岗位的执行者转变为拥有用人权、决策权和分配权的创业者。海尔有大量的生态圈资源,像用户资源、产业资源,与创客建立共创共赢的生态圈。同时,海尔还通过创客学院(创客培养)、创客实验室(创意交互展示)、创客空间(创意落地)、创客工厂(产品试制生产)、创客金融(产品投资)和创客市场(产品销售)等系统为创客赋能!

百年的组织发展史也显示出一条清晰的线索:人已经走到组织的中心位置。组织的敏捷性、适应力和自组织能力,最终取决于人的自我驱动和自我激活。

第 12 章
战略不仅需要规划，更需要进化

> 当迷茫的时候，只管往远处看，就能看到洪流中的未来。
>
> ——软银创始人　孙正义
>
> 恐惧和焦虑是人类心智中主要的心理状态。恐惧的背后是对确定性的不断渴求。我们对未知感到恐惧。人心对肯定的渴望，是根植于我们对无常的恐惧。
>
> ——宗萨蒋扬钦哲仁波切

从朱熹到王阳明：战略的"知行合一"

"快战略"包括战略设计得快、战略执行得快和战略调整得快！其重要的支撑是整个组织的敏捷性和心智认知的革新性。

战略设计就是"知"，战略执行就是"行"，很多战略学家和朱熹秉承一样的观点："论先后，知为先；论轻重，行为重。"我们可以看到很多类似《战略第一、执行第二》《执行》等著作反复强调：没有战略，执行是盲人摸象的；没有执行，战略是百无一用的；战略执行的成功率非常低，企业需要提升执行力！

理论上，**我们可以把战略分为三类：事前规划的战略、事后总结的战略，以及处于这两者之间的自发涌现的战略。**从我们开篇的微信成长史来看，微信其实是腾讯内部的"自发涌现的战略"，还险些在内部被扼杀掉，在腾讯总部及马化腾眼中，并没有对微信进行过严肃科学的事前规划，即使"微信之父"张小龙也没有对微信在事前有准确的定义。

卓越企业的最佳行动一部分是来自远见、严谨的战略规划，另一部分最佳行动则来自实验、尝试错误和机会主义。把战略区分为三种战略，其实是在提醒我们的企业家，在战略执行过程中需要保持开放的心态，鼓励依据变化、创新而得的"自发涌现的战略"，在审慎规划、临时应变和鼓励创新之间求取平衡。

真正的好战略往往是"自下而上"涌现出来的，比如腾讯的微信和小岗村的家庭联产承包责任制。作为企业家，有时候你是战略"总设计师"，有时候你更要做好"总许可师"。正如邓小平，他"许可"了小岗村的家庭联产承包制，"许可"了年广久的"傻子瓜子"，同时他也"设计"出了深圳特区。

因此，你需要重塑公司的战略管理流程。传统的战略管理流程已经无法应对当下的竞争环境，因为它太过于"自上而下"，其核心任务就是定目标、下任务、做考核等；这不过是一个升级版的"目标管理"而已，把战略管理全部细化成严格而漫长的流程制度，让战略成为"慢战略"。

战略是对未来的预见与选择，是对未来成长的时空布局。在互联互通的智能 VUCA 时代，企业的战略往往无迹可寻，无标杆可追随，企业创新的方向进入无人区，战略的选择往往是方向性的、探索性的，甚至是试错性的，而不是来自预先精确的计算与战略规划。正如任正非所言："清晰方向是在混沌中产生的，是从灰度中脱颖而出的，方向是随时间与空间而变的，它常常又会变得不清晰，并不是非白即黑、非此即彼。"

在 VUCA 时代，战略制订和战略执行已经不能像过去那样泾渭分明。战略执行的过程充满了无数的"战略再制订"，战略小步快跑、快速迭代。

基于此，**关于"战略设计"和"战略执行"的关系，更像是王阳明的观点，即"知行合一"，战略设计和战略执行应该是一体的。**知、行就好比是人的两条腿，有先有后，交相并进，才能到达目的地，"若一边软了，便一步也前进不得"。因此，"知""行"本质上就成为同一过程所展开的两个方面，相互交融、不相分离。

我不知道战略大师明兹伯格是否学习了王阳明的"知行合一"，但是他的观点却和王阳明的惊人一致。他在《战略历程》中写道："有效的战略要把行动和思考联系在一起……我们为了行动而思考，我们也为了思考而行动，我们尽力把这些思考和行动逐渐汇聚起来，这正是战略学习的真正内涵。"这正是"知到真切笃实处即是行，行到明觉精察处即是知"。

构建生物型组织：从自然进化到变革进化

基于此，柯林斯在《基业长青》一书中写道："高瞻远瞩公司是在模仿生物物种的进化，我们发现达尔文的《物种起源》中的这些概念，比任何讲公司战略管理的课本都能更好地说明高瞻远瞩公司的成功之道。"

现实就是这样，**伟大的战略往往不是规划出来的，而是进化出来的**。但是，柯林斯的观点并非全部正确：战略的确是个进化过程，但并不是达尔文所说的"自然进化"过程，这样太漫长了，战略进化是需要"变革"或企业家干预的"变革进化"过程。

变革进化的挑战就是，一家公司是一个复杂的自适应系统，它嵌入到更广阔的商业生态系统中，该系统又嵌入到更广阔的社会环境中。复杂自适应系统的关键特征就是我们无法准确预测其未来状态。它伴随着互动、自发变化和系统反馈并进行多次循环，整个系统会发生难以预测的连续性进化。

重大的变革大潮就像地震一样，曾经的战略高地很快被夷为平地，新的战略高地又拔地而起。这种变革能够打破既有的竞争优势，创造出新的优势！这样的变革往往是新兴企业的战略机遇，同时也是大型企业的梦魇杀手！

对于成熟的大企业来说，不应该把这种变革所带来的"破坏式创新"看作威胁，而应该在早期就看到威胁的另一面：一个新世界，一个伟大的新的增长机遇。

变革是勇敢者的新世界。如何才能克服战略惰性，获得新的增长机遇呢？成功的组织往往依照以下三个步骤来推动战略变革。

• 忘记。**困难不在于产生新观念，而在于摒弃旧观念。**你要忘记旧业务的战略定位、商业模式和核心能力，以及与之相关的"心智模式"，并认识到开展新业务需要新的竞争优势。在商业领域，惯性基于过往环境所决定的过往战略，尽管这些战略已经是过往了，但是企业仍在当下奉行并已经深深渗透到了组织结构、业务流程、企业文化及资源配置方式中！"刻舟求剑"在日常生活中并不多见，但是在商业史上可谓比比皆是！**变革，就是让组织从过去中解放出来。**但是，这一点非常富有挑战性，**组织具有强大的记忆力，这样的记忆源于本能：当我们面对新业务和新环境的不确定性时，我们的压力提升，就会自然转向熟悉的东西。**

• 借用。忘记并不是彻底隔离，你还要善于利用已有的资源。柯达需要忘记根深蒂固的思维方式，但是新兴的数码相机公司却无须这样，他们没有什么可以忘记的。而柯达可以借用，借用已有的资源与这些新兴的公司竞争。但是必须克服这些矛盾：旧业务认为新业务会蚕食其收入，导致旧业务优势丧失，包括会毁掉原来的客户关系、品牌形象等等。同时新业务也会在前期亏损，很多与利润挂钩的绩效考核和资源分配，也让新业务无法拥有更多的资源。**如果内部没有充分的资源流畅性，很难形成快速变革的"快战略"。**

• 学习。对于变革而言，学习是最重要的，学习是为了弥补"已经知道"和"应该知道"之间的差距，如果不能有效忘记已经知道的，将严重削减学习的努力程度和有效程度。学习的内容很多，方法也很多，此时此刻，最重要的学习任务就是必须提高预测新业务、新业绩的水平。一开始，对新业务的预测基本上就是胡乱猜想，经过不断学习，胡乱猜想会变成有的放矢的估计，逐步会变成靠谱的预测。要相对靠谱地预测业绩水平，你就必须系统地思考市场容量和增长速度、新进入者、技术趋势和价格水平。这些因素非常具体，只有非常具体的预测数据才能与残酷的现实做对比，不断试错的过程是最好的向未来学习的进程。

在战略转型和组织变革上，我们需要向蚂蚁学习，因为在面对环境的不确定性时，蚂蚁拥有快速忘记旧路径的能力。蚂蚁可以解决最为复杂的"物流"问题，譬如进行运输路径最优化，当新环境出现时蚂蚁可以快速地转换角色，持续地寻找新路径，为环境变化做好准备。这正是应对不确定环境的智慧。

战略实验："活在当下"还是"放下当下"？

在不稳定性和不确定性的量子世界，我们需要通过反复试错来探索未知。那些锐意进取的企业家深刻认识到，创新在"混沌的边缘和灰度的空间"发展得最好，他们将确定性的缺失视为进行创意试验和创新探索的机遇。

一个杰出的战略领导者和一个杰出的科学家一样，杰出的科学家会不断探索前沿的科学，不断开展新的实验和测试，不会仅仅围绕着已知的确定性知识开展工作，因为这样他不会收获任何名誉和荣耀。在科学家探索前沿之际，他们会对未知领域进行一种推测，也就是一种假设，然后不断地用实验来证实或证伪。

作为战略领导者也是如此，你需要处理已知的领域，更需要探索未知的领域！同时，往往在未知的前沿领域，你才能发现超越竞争对手及行业大鳄的难得机遇！

战略的科学性恰恰就体现在它如科学一样需要一定程度的"反复实验"！对于一个创新的战略假设，不要期望它的逻辑极其严谨，也不要苛求其万无一失。随着试验结果的逐步显现，优秀的战略领导者就能够理解什么可行、什么不可行，并据此对战略做出相应的调整！其实，此时此刻的战略更多地表现出其科学性。

苹果公司副总裁罗恩·约翰森走马上任，成为零售商杰西潘尼的 CEO，他新官上任三把火，其中一项战略创新就是取消了优惠券和折扣专区，引入品牌专卖店，并用先进的支付技术取代了店内所有的收银员和收银机。但仅 17 个月后，杰西潘尼销售下滑、亏损严重，约翰森为此丢了工作，公司也恢复了原来的经营模式。如果杰西潘尼在推行战略创新时，能够像科学家一样，进行充分地试验，公司或许能及时发现顾客并不喜欢他们要做的改变。

美国第一资本金融公司 CapitalOne 就将"战略实验"视为一个核心流程，使该公司的创新能力呈几何级增长，其方法就是"边测试边学习"，CapitalOne 首先将客户群分为数百组，针对不同组的客户，营销不同价格的产品，从而测试不同客户群对不同产品的接受度 / 兴趣度、用户贡献的净现值、坏账率等指标，然后根据实际指标来调整产品策略、营销策略和风控策略。在任何一个时期，CapitalOne 都在同时进行上千种这样的测试。

塔塔咨询公司属于科技服务领域，在这个领域中，无论是技术本身还是技术在大型组织中的应用都难以预测。因此塔塔公司开发了 4E 实验模型：开发（Explore）、支持（Enable）、推广（Evangelize）和应用（Exploit），以此提升公司的适应能力。

战略实验，就意味着会有错误和失败。很多硅谷的企业都欢迎有意义的、"学习性"的失败，它们认为成功离不开这些失败的贡献。正如马化腾所言，那些所谓的失败和浪费，也是复杂系统进化过程中必须具备的生物多样性。

在这个过程中，我们一定要认识到长期战略和短期运营之间的区别。一项新的战略即便被证实是正确的，往往在初期也不会带来好的运营数据，比如盈利、现金流和其他指标。

好战略在一开始更可能带来相反的一面，盈利下降、运营效率指标下降，甚至亏损，这样就会遭到很多经理人的反对。这个时候，就是战略领导者最焦虑的时候，也是对其领导力的一种考验：是放弃战略，回归到当下的运营数据？还是继续推行战略，忍受当下运营数据的下滑？亚马逊创始人杰夫·贝佐斯曾经强调，新业务从"播种"到"结果"通常要经过 5~7 年的时间。

面对远处的未知迷雾，人很难摆脱短视的袭扰。生活中我们都推崇"活在当下"的理念，但是在战略中，我们需要在一定程度上"放下当下"。战略需要牺牲当下。好的当下运营数据可以让你的企业进入舒适圈，贻误好的战略时机，也可以遮蔽你的远见！

第二曲线：如何才能持续拥有精彩的未来？

下一个倒下的会不会是华为？任正非曾经对华为的管理层发出这样的拷问。展望未来，正处于鼎盛时期的阿里巴巴、格力、脸书、宝马、中国移动等，都可能是下一个让人惋惜不已的失败案例。它们的倒下，往往意味着新的企业的崛起，这正是：沉舟侧畔千帆过，病树前头万木春。

今日的辉煌会遮蔽未来的隐忧，曾经辉煌无限的柯达、诺基亚、雅虎、通用汽车等，都已成为明日黄花。我们虽然能理解盛极而衰的定律，但当昔日王者无比落魄时，总让人心生感叹，这到底是为什么？

战略是让一个组织持续拥有精彩未来的探索旅程。**一个组织要持续拥有精彩的未来，主要有两条途径：第 1 条途径是"通过延续现在来延续未来"，第 2 条途径是"通过改革现在来创造未来"。**

第 1 条途径曾经是一条康庄大道，可是正被"人工智能""大数据""自动驾驶"等高科技挤得越来越狭窄、崎岖。通过延续现在来延续未来，就是要依赖现有的优势和核心能力。但遗憾的是，现有的优势会被未来的趋势所代替，核心能力会演变为核心包袱。不管曾经多么辉煌的现有业务，迟早都会丧失成长空间，随着一条 S 曲线在到达自己的顶点后，必然会回落，直到星陨大地。

管理大师汉迪说道："**企业利润不断增长的秘密在于，赶在第1条 S 型曲线逐渐消失之前，开始一条新的 S 型曲线。**"但遗憾的是，几乎绝大多数企业都不是在顶点之前，而是在企业已经衰落到顶点之后，才开始匆匆忙忙地着手改变。

但是，此时此刻的企业无论是财务实力、人才储备和能力发育，都已经不具备支持第 2 曲线腾飞的动力了。无法跳跃第 2 曲线的企业往往结局悲惨，研究表明，一旦公司在增长过程中遭遇重大阻碍，那么它恢复元气的概率只有 10%，大部分受创公司后来被收购、退市，甚至破产。

柯达在持续拥有精彩未来的"两条途径"上不断徘徊。首先，它在战略上是第 2 条途径优先（发明并推出数码相机以开创未来），当看到第 2 条途径会蚕食传统业务收入时，柯达开始换道至"第 1 条途径"（推出口内牙科胶片等医学应用并延续至现在）；之后，当"第 1 条途径"的利润不断江河日下时，柯达从 2005 年又开始切换到"第 2 条途径"。在这样不断徘徊的过程中，伟大的柯达演绎出了"从先驱到先烈"的悲壮故事。这个故事生动地告诉我们，持续拥有精彩的未来太富有挑战了！

一方面，外部环境的斗转星移和产业发展的瞬息万变，让精彩不再；另一方面，企业自己在这两条路径上的焦灼徘徊，无法取舍，往往是更大的挑战。正如柯达高管层所讲的那样，"你很难找到像彩色胶卷这样高利润的合法生意"，已有的优势和既得的利益，让柯达开启第 2 曲线的进程十分缓慢。

第 2 曲线的建立和第 1 曲线的消失都需要时间，所以在一定的时间内两条曲线需要同时存在。这个过程还需要管理好两条看不见的曲线：一条是能力 S 曲线，一条是人才 S 曲线。使你成功并达到现在位置的东西不会使你永远保持现在的位置，战略曲线背后是能力曲线和人才曲线。

这两条曲线极其富有挑战性，因为能力发育和人才培育都需要一定的时间周期。燃油汽车制造商如果要尽快踏上新能源汽车这条曲线，就需要发育电池储能技术等新能力，并招募储能相关领域的人才。再进一步，如果这些汽车制造商还需要踏入无人驾驶这条第 2 曲线，那他们就需要发育与大数据和人工智能相关的新能力和新人才。

管理大师彼得·圣吉指出：Lead（领导）来自印欧语系词根 leith，意思是"跨越界限"。作为战略领导者，你需要"跨越界限"，跨越现有优势的界限，跨越现有能力和资源的界限，跨越既有利益的界限，跨越固有产业的界限。正如华为创始人任正非在其内部讲话中所言："华为要打破自己的优势，形成新的优势，华为不主动打破自己的优势，别人早晚也会来打破……一定要把华为的优势去掉，去掉优势就更有优势。"在这个意义上，领导力是促进企业跨越界限向前迈进的一种能力，这种能力能够鼓舞他人，进而促使整个组织向前进步，以持续拥有精彩的未来。正如存在主义哲学家萨特所言：未来正等着我们塑造！

修炼你的战略领导力

开启战略探索之旅

关于战略，几乎每个人都有自己的定义。正如一百个人眼中会有一百个哈姆雷特一样，战略也是如此，我就看过一百多个关于战略的定义。在这一百多个定义中，我比较喜欢一个简单且经典的定义：战略就是一场旅行。尽管这个定义稍微有点儿诗意和浪漫色彩，但非常简洁有力，战略和旅行一样，都是要回答两个最基本而又最关键的问题："去哪里"（方向／目的地）和"如何去"（方法／路线图）。两者非常相似，在设定"去哪里"和"如何去"的时候，都需要评估外部环境并进行研究。开展旅行你需要看看别人的攻略和当地的天气、气候，开启战略你需要研究一下竞争对手和行业里的最佳实践。

战略和旅行都需要你配备相应的"资源"去达成目标，包括财物、导航仪等，甚至包括一些特定的"能力"，比如，如果你希望像万科董事长王石那样去攀登珠峰，你还需要加强体能训练！

同时，战略和旅行一样都需要随时调整。比如，原定要去一个地方旅行，但天气的变化或其他客观原因导致你无法前往，这时候你就必须被迫做出相应的调整。这些调整主要针对两个方面：一个是对方向做调整，另一个是对路径做调整，有时甚至需要两方面同时做调整。

而做出调整的原因也有两个：一个是风险，一个是风景。比如，你本来只准备在一个地方停留半天，但忽然发现这里有一处风景十分美妙，于是你主动调整，在这里待上了整整一周。而在企业经营过程中，我们也经常会发现，本来没有想主要推这个产品，但是推出后却大受欢迎，于是我们就会调动资源和精力，把意料之外的产品作为战略重点。所以说我们可能会因为"风险"或"风景"而对战略做出调整。有时候我们还会为此精心准备一个"B计划"！

战略和旅行有很多相似之处，但也并不完全相同。至少战略不会像旅行那样轻松，战略需要面对富有攻击性的竞争者和日益挑剔的客户。

战略除了回答"去哪里"和"如何去"之外，还会回答另外两个关键性问题，即"在哪竞争"和"如何制胜"。可以说旅行是玩得起，战略却是输不起。这两个关键问题并不好回答，以至于很多企业都没有对此进行深入思考，从而导致公司可能"有战略"，但却是一个"坏战略"。

　　旅行可以是一个人，也可以是一个团队，但是战略的实现必须是一个团队。在这个团队里，我们需要一个领导者，他负责最终决定战略何去何从，为我们指明方向，影响和说服大家一起去奔赴愿景，将战略变为现实！我们可以把深思熟虑制定战略，然后执行战略，最终摘得战略硕果的行为称为"战略领导力"。

　　有一位著名的战略学教授认为：战略领导力就是一个人带领一群人去到一个地方，这个人所具备的能力就是战略领导力。当他在课堂上和学生分享他的观点时，有个学生就提出了质疑，问道，如果说只是一个人带领一群人去到一个地方，那么导游也是这样，他具备战略领导力吗？

　　这个问题把教授给问住了，他回去以后仔细琢磨该如何修正这个定义。最后他终于得出了这样一个新的定义：**战略领导力是一个人带领一群人抵达从来没有去过的地方，这个人所具备的能力就是战略领导力。**导游是带着大家去他"去过的地方"，而战略领导者是带着大家抵达一个大家都"没有去过的地方"。这个地方不仅执行战略的人没有去过，就连设计战略的人也没有去过。

　　大家都"没有去过"，这就意味着战略是面向未来的，没有人去过 2030 年，这需要经历一个漫长和艰难的探索过程，这个过程就更需要彰显整个团队的战略领导力。因为大家都没有去过，所以容易对方向和目标感到迷茫，甚至可能会出现不信任；因为大家都没有去过，都没有经验可以遵循，这就让路径和过程充满了不确定性，你需要不断处理突如其来的风险和风景，做出艰难的权衡和取舍……**在这个过程中如何共启愿景、挑战现状、使众人**

达成目标、持续探索，这都是战略领导力要彰显的内容。

在一定程度上，战略就是当我们不知道未来会发生什么而又必须采取行动的时候，所采取的行动。同时，正如美国前国务卿希拉里所言："优秀的领导者能够把人们带到他们想去的地方；卓越的领导者能够把人们带到他们没想到要去，但是应该去的地方。"

卓越领导力 =（交易领导力 + 魅力领导力）× 战略领导力

在诸多领导者中，战略领导者尤为重要，在诸种领导力中，战略领导力尤为重要。我给出了一个卓越领导力的方程式：

卓越领导力 =（交易领导力 + 魅力领导力）× 战略领导力

战略领导力的根本特征是对全局整体负责、对方向路径负责、对事业的成败负责、对持续的未来负责。

很遗憾的是，很多中国企业的人才管理部门都把领导力培养的重心放在了"交易型领导力"上，这也是对领导力比较初级的理解。很多培训公司所宣称的领导力课程，也大都集中于此，甚至仅仅是将一些管理技能课程称为领导力课程。

交易型领导力就是要关注员工的感受，要很好地和员工做交易，要有艺术地运用手中的胡萝卜和大棒来让员工完成你期望完成的工作。整个领导过程就是领导者和被领导者相互满足的交易过程。所以很多"领导力"课程都是教大家如何去做目标管理、如何去分配任务、如何授权、如何去对员工的工作成果进行绩效反馈及如何去辅导员工，这些都属于交易型领导力的范畴。

交易型领导力的前提就是你手中要有权力，然后让员工更好地服从你。但交易型领导力还没有真正接触到领导力的本质，因为**领导力的本质并不是建立在权力职务的基础之上，它应该建立在魅力的基础之上。这时候，员工不仅是服从你，而是追随你。**

交易型领导力十分强调短期绩效是否达成，它不能够赋予员工工作上的意义，从而无法调动员工的积极性和创造性。因此，仅仅有交易型领导力还不行，管理大师詹姆斯·马奇指出，好的领导必须可以"疏通马桶和书写诗歌"：**领导者应该是一个有魅力的诗人，需要在行动中寻找意义，为生命涂抹色彩。**

香港长江集团主席李嘉诚是这样描述魅力型领导力的："一般而言，做老板简单得多，你的权力主要来自于你的地位。而做领袖就比较复杂，你的力量源自人性的魅力和号召力……**领袖领导众人，促动别人自觉而甘心卖力；老板只懂支配众人，让别人感到渺小。"**

很多领导者，无论是部门经理、市长、师长，还是大企业家，都希望自己在下属心中是有魅力的。Charisma（魅力）一词源于希腊语，意思为"神的魅力"，这种魅力就像圣灵一样引人入胜，所迸发的不是"被动的服从"而是"主动的追随"。

那么，怎样才能让一位领导者具有魅力呢？是诚实正直、平易近人、非凡意志、一流口才，还是仪表堂堂呢？是这个领导的外貌和外形具有魅力吗？

著名领导力大师本尼斯的研究表明，魅力型领导者需要具备几项关键的能力：有远大的愿景和理想；能让下级认同并拥抱该愿景和理想；本人对愿景和理想执着追求，并贯彻始终。

可见，对魅力领导者的首要要求就是：站得高、看得远，成为企业愿景的描绘者，成为企业方向的指引者，如此才能让下属有方向感！从马丁·路德·金的"我有一个梦想"，到马云的"让天下没有难做的生意"等，莫不如此。

大部分人在人生和工作中都很迷茫，不知道何去何从，这个时候能给员工指明前进方向的领导者才能得到员工的追随，他们追随的可能不是领导者个人，而是他所指明的方向。如果你的下属认为你的方向是正确的，他就愿意死心塌地追随你。

只有能够让下属、让整个组织具有方向感的领导才是真正的魅力型领导，下属才愿意从简单的服从到内心死心塌地的追随。这就是所谓的内在动机。**在一定程度上，有魅力的不是你，而是你所提出的未来方向。**

但是，仅仅有魅力型的领导力还是不够的，因为魅力往往是短暂的，可能是一两年、三五年，也可能是十年。举一个极端的例子，第二次世界大战期间希特勒在德国的魅力曾经登峰造极，而战争结束之后这种魅力便荡然无存，为什么呢？因为经过若干年之后，大家发现他指明的方向是错误的。

虽然领导者指明了方向，但如果经历了一段时间之后，大家发现这个方向不对，带来的成果并不理想，领导者的魅力指数就会极速下降。很多愿景是听起来是"好诗"一首，到头来却是得不偿失的"皮洛士胜利"①。

过去，大家对领导力关注的重心是"领导力投入"，而忽视了"领导力产出"！交易领导力的行为技巧和魅力领导力的人格特质都是"领导力投入"，这些都是在领导过程中你的表现和与追随者之间的互动！

因此，高管层在修炼交易领导力、魅力领导力之外，更需要修炼战略领导力，战略领导力关注的是"领导力产出"。你可以很有魅力，振臂高呼应者云集；你不仅有智慧，也有小聪明，你知道该如何搭配胡萝卜和大棒给你的追随者，在交易领导力和魅力领导力方面你做得非常好，达到了9分。但是，如果大家按照你所描述的战略打拼前行了3年，到头来却是竹篮打水一场空，公司业绩平平甚至滑向破产的边缘，那你的战略领导力仅仅为–2分。又因为它们之间是互乘关系，而不是相加关系，那你的整体领导力水平也只能是负分！

战略是起点，领导力是过程。不能产出高绩效或经营成果的领导力就是无效的领导力！总之，如果你仅仅有好的战略，但是没有充分展示领导的魅力，那么你就无法共启愿景，让员工奋力执行战略；如果你没有战略领导力作为引导，领导的魅力就不会用到恰当的地方，取得绚烂的胜利成果，激动人心的战略方向有时带给大家的是混乱的迷途。

如果没有卓越业绩、没有真正的胜利、没有让未来变得更加

---

①　皮洛士是古希腊时期伊庇鲁斯的国王，他屡屡和罗马人交手，经常获胜，最终他打败了罗马人，但整个国家却遭受重创，陷入经济衰退。

美好，就不可能有永远的魅力！**只要创造出丰硕的战略果实，你偶尔的领导力缺陷也将变成你有趣的、让人回味的领导力个性！**

人人都需要修炼战略领导力

读到这里，有人也许会觉得《战略罗盘》这本书是公司的大老板应该好好读的一本书，因为老板才是公司战略的设计者，而大部分人仅仅是战略的执行者。这是一个认识上的误区，研究表明，不深入了解战略的人是无法更好执行战略的。

一方面，在这个充满变化的时代，了解战略的"WHY"最重要，其次是"WHAT"，最后才是"HOW"！正如毛泽东所言，因为懂得了全局性的东西，就更会使用局部性的东西。另一方面，战略已经不是一成不变的行动组合，战略的精髓已经不是"老老实实照本宣科地执行"，战略的精髓恰恰是其"弹性和灵活性"，在战略执行的过程中充满了无数的"战略再制订"。

著名战略家毛泽东认为，"战略是研究关于战争全局的规律性的东西……世界可以是战争的一全局，一国可以是战争的一全局，一个独立的游击区、一个大的独立的作战方面、也可以是战争的一全局……凡属带有要照顾各方面和各阶段性质的，都是战争的全局。"

也就是说，毛泽东、朱德负责的是一场"战争"，军长、师长负责的是一场"战役"，下面的团长、营长负责的是一场"战斗"。但无论是战争、战役还是战斗，都存在战略和战术安排的问题，什么时候进攻、什么时候防御、什么时候打游击战。因此，从总司令到师长、团长都需要有战略思维能力，从 CEO、副总裁到事业部总经理，亦是如此。

- **从局部专才到全局通才。**要想具备领导某项业务的能力或者开启一份创业之旅，需要从专才变成通才，要对各个职能部门都有足够的了解。人们观察和认识事物，通常只能从局部开始，但决不能停留在这里，**你需要"退出画面看画面"，跳出"专业深井"，着眼和着力于更高层次、更富有综合性的全局。**这需要你在一定程度上忽略那些细枝末节的运营细节，把思想和时间都解放出来。战略的意义是必须把各个局部综合起来进行分析，形成整体的观念，并且弄清一个个局部在全局中所处的位置及彼此间的联系，并有效地将组织内部和外部的各种意见、资源调动整合起来，形成合力，为全局服务。

- **从总结者到预见者。战略领导者需要有站在高山之巅极目远眺般的远见能力，见人之所未见。**作为部门管理者，你不得不紧紧盯着"绩效差距"，深入到业务细节中去，不断努力改善季度业绩指标。但是一旦提升为公司领导者，就需要你既关注"绩效差距"，又关注"机会差距"，你需要突破3个月的"远见极限"转而思考至少3年的未来。公司领导者应该努力做到深谋远虑，想得深、看得远，面向未来预见并开展战略准备，而不能总是面向过去做总结。**很多高层总**

是以现有的条件为基础，试图成为历史的整理者，却不努力成为未来的发明者。正如毛泽东所言，"坐在指挥台上，如果什么也看不见，就不能叫领导。坐在指挥台上，只看见地平线上已经出现的大量的普遍的东西，那是平平常常的，也不能算领导。只有当还没有出现大量的明显的东西的时候，当桅杆顶刚刚露出的时候，就能看出这是要发展成大量的普遍的东西，并掌握它，这才叫领导。"

• **从分析者到决断者。**原来你也许仅仅是一个分析者的角色，你提供各种数据或报告呈交给"一把手"，由"一把手"来决断。但是，一旦晋升为公司级领导，你就需要自己做取舍、做决策，对自己的决定给出富有逻辑的解释。事实上，在任何组织中，每天都会涌现出成千上万个好想法，但是这些想法中几乎90%都是和组织的战略不一致的，战略领导力要求你具有取舍的勇气和智慧：将那些与战略不一致的想法过滤掉，同时你还不能打击大家群策群力的积极性。取舍与聪明无关，仅仅与智慧相关。**"坏战略"的一个标志就是CEO想要的太多，没有智慧和勇气去做取舍。**正如革命初期的毛泽东，决定不打阵地战仅仅打游击战，决定不进攻中心城市仅仅以农村为根据地，这就是取舍智慧的体现。同时，战略领导者往往必须在信息不完备、时间不充裕的情况下迅速做出艰难的决策，这就需要你既不能莽撞行事，又要平衡逻辑和直觉、权衡长期和短期。

• **从观察者到洞察者。**在产业格局及产业运营稳定的阶段，也许仅仅需要"观察"就可以经营出不错的业绩。"战略观察"是基于竞争环境的稳定性、连续性和可预测性，但是，一旦置身于变革大潮中，你就无法做到精确的战略观察。**战略的准确性同时也是它的局限性、战略的逻辑性也是它的脆弱性。**战略观察，具有经验上的选择性和对未知事物的过滤性，所以看不见更大的景象和模糊的轮廓。此次此刻，你需要从"战略观察"上升到"战略洞察"！战略洞察，就是在灰度中决策，在边缘处创新，在混沌里探索前行的方向。**在信息极度稀缺、未来极其波动的情况下，你需要靠一点点微光澄清未来的大趋势，沿着大趋势，发现内在的意义，重构自己的初心和信念。**战略洞察，更多的时候是来源于内观，而非外寻！比如，曾经的互联网大趋势，在初期萌芽阶段，马云、扎尔伯格等就是"因为相信，所以看见"。**他们之所以勇敢，不是不害怕，而是心中有一盏信念明灯，念念不忘必有回响。**正如克劳塞维茨《战争论》中的名言："要在茫茫的黑暗中，发出生命的微光，带领着队伍走向胜利。"

用战略罗盘思考人生战略

放开企业经营不讲，即使是你在面对自己的人生，也需要战略领导力。战略是以持续拥有精彩的未来为目标，而对未来开展的探索旅程。人生也是这样，每个人的人生都需要持续拥有精彩的未来。但是要做到这一点并不容易。

2010年春,哈佛大学邀请战略创新大师克莱顿·克里斯坦森教授为毕业班的学生做演讲,当时他已被诊断出患有癌症。在这场非常成功的演讲中,他列举了很多优秀的哈佛毕业生陷入了人生的沼泽地,比如安然公司的CEO杰弗里·斯基林,这位哈佛商学院MBA毕业生曾经是麦肯锡公司史上最年轻的合作人,在安然工作时年收入高达1亿美元,后来因证券欺诈、财务造假而锒铛入狱。

这一切就像企业经营一样,要持续拥有精彩的未来是多么富有挑战!为何追求成就的人常常掉入引发不幸的陷阱?他们的人生战略究竟出了什么问题?

克莱顿·克里斯坦森教授讲道:**"一个没有认真思索生活意义和目标的人可能依然能获得事业上的成功,但却很难说取得完整的人生的成功……每个人都要为自己制定一个终生战略,这将决定他如何分配自己的时间和资源,并最终决定他将成为怎样的人。"**

他希望每个人都要回答关于自身的三个重要问题:如何使工作生涯成功、快乐?如何让自己与配偶、儿女、朋友的关系成为快乐的源泉?如何坚守原则以免牢狱之灾?人生有很多问题复杂且困难,每个人的际遇也都不同,你必须自己努力去寻找答案。

躲在波士顿威尔斯利小镇写书的过程中,我惊闻南非前总统、诺贝尔奖获得者纳尔逊·曼德拉逝世,享年95岁。非常巧的是,当时,我正在动笔写关于人生的战略。我非常喜欢《成事在人》这部电影,更喜欢在这部电影中曼德拉反复诵读的诗歌:

面对未来的威胁，你会发现，我无所畏惧。

无论命运之门多么狭窄，也无论承受怎样的惩罚。

我，是我命运的主宰，

我，是我灵魂的统帅。

这首诗把人生战略的要义全部概括了。"战略"一词来源于希腊语"Strategos"，其字面意思是"统帅"。从军事领域转移到企业领域，再到人生领域，这一定义更加符合战略的原义：做自己的统帅。克莱顿·克里斯坦森教授也发现，哈佛商学院课堂中教授的战略理论，不仅能解释企业问题，也能拿来管理并预测自己的人生。

（1）你的人生"有战略"吗？你要思考清楚你的人生"去哪里"和"如何去"。你要明确你对未来的期许是什么，以及更具体的人生目标是什么。总体上，每个人的人生都可以分为两大部分：人生上半场（40岁之前）和人生下本场（40岁之后）。**在人生上半场，你需要追求"人生的成功"；在人生下半场，你需要追求"人生的意义"。成功和伟大之间的区别在于意义和使命，唯有渗透意义和使命的旅行才能称得上伟大。**比如徐霞客探幽寻秘、玄奘西行求法。很多人的人生可以称得上成功，但算不上伟大！克莱顿·克里斯坦森教授建议，你要提防那些有毒的成功，更不要让财富上的成功成为家庭不快乐的源泉。他罹患了淋巴癌，正在忍受化学治疗的煎熬。在与疾病的奋战中，他反复思索自己的人生是否过得有意义，并终于了解"上帝衡量我的人生，不是用金钱，而是用我可以帮助多少人变成更好的人"。

（2）你的人生战略是不是个"好战略"？你要清晰思考你"在哪竞争"和"如何获胜"。你也许非常讨厌竞争这个字眼，但这的确是人生的主旋律，无论你升学还是晋升。你都要了解你所处的竞争环境，以及该环境给你提供的有利因素及不利因素；你也要透彻了解自己的优势和劣势。"知人者智，自知者明"。基于此，设计你的差异化战略，让你的人生更容易成功。你的生命有限，所以不要浪费在重复他人的生活上；不要被教条束缚，不要让他人喧嚣的声音掩盖你的内心。**你需要发挥自己的显著优势，不要把太多的时间浪费在"扬长补短"上，你需要"扬长避短"。**卓越的人并非没有缺点，而是拥有很多人所不具备的显著优势。同时，你需要思考并努力想清楚：你在周围人心目中的差异化定位应该是什么？你代表了什么及意味着什么？你给周围人最深刻的印象是什么？这一切都要凸显你的优势，并和你的战略定位保持一致。

（3）你的人生战略是不是个"实战略"？没有人可以随随便便成功，你需要付出足够多的时间、精力和财力。其实，每个人都有很多资源，这包括人脉、时间、精力和财力，只有当人生战略和这些资源发生真正的关联时，你的人生战略才算是进入执行阶段，否则仅仅是梦想阶段。**战略在起点上决定了资源配置；同时，资源配置也在过程中决定了战略。**很多战略，都是在大量资源配置决策中塑造出来的。从你所做的每一个决策中，也可以看出哪些事情对你而言是最重要的。很多人所"宣称的战略"和所"力行的战略"并不一致，这之间的差距就是你个人的资源配置所导致的。你会发现，成功的人所做的大部分事情之间都是有联系的，都是有利于自己目标实现的，而平庸者所做的大部分事情都是孤立的，这之间的差距也是由是否围绕人生战略目标配置资源而产生的。在"人生下半场"特别需要注意的是，有时人们会为了追逐物质报酬、事业成功等短期效益，几乎将自己的所有资源都配置给了工作，却忽略了陪伴家人、倾听孩子，在人生资源的分配上颠倒了主次。

（4）你的人生战略是不是个"快战略"？克莱顿·克里斯坦森教授花了几十年的时间才彻底了解了自己的人生，并分享自己曾向往成为《华尔街日报》编辑、被自己创设的公司开除、发现自己对教学的热情、40岁开始读博士并成为哈佛商学院年龄最大的博士，然后留校竟然成为创新领域的教授。**人生充满了曲折变化，成功总在你意想不到的地方等你，几乎所有的战略都是周密规划和意外机遇相结合的产物。**你需要将事前规划的战略、自发涌现的战略和事后总结的战略完美地结合在一起，善于在不确定中捕捉机遇。战略需要规划，更需要进化，你需要在变化中管理你的人生。历史上知名的英国金融家纳森·罗斯柴尔德曾指出，**万贯家财是在炮弹打进港口时赚到的，而不是在舞厅演奏小提琴时赚到的。**罗斯柴尔德认为，环境愈是不可预测，机会就愈大，前提是你必须有足够高的"学习敏锐度"去发现和利用那个机会。

总之，成功的人总喜欢展望未来，曾经成功的人总喜欢回忆过去。几年的创业经历，我见过形形色色的创业者，以及来来去去的员工，当然作为战略咨询顾问，我也近距离接触过很多优秀的企业家。

我仔细观察，发现不仅我自己，几乎所有的人都喜欢那些有战略思维，并拥有灿烂未来期许的人，这些人总是积极展望未来，充满乐观和激情，给身边的人带来美好的愿景和前行的力量。

如果有组织或个人总是在喋喋不休地谈论过去的辉煌成就或千古遗恨，这些组织或个人往往缺乏战略思维，大抵也是恐惧未来或信心不足。如果说沉醉过去的辉煌让我们孕育失败的种子，那么抱怨过去、遗恨过去更是站在进一步失败的悬崖边上。

尽管"过去"会滑向未来，但总体而言，未来对许多人都是"机会均等""环境一致"的，因为未来还没有发生。因此，**在面对未来的时候，决胜的关键往往取决于"战略思维"。成功代表过去，机遇代表现在，只有战略代表未来。**

正如李嘉诚所言："在我眼里，未来跟明天是两回事，天命和命运不同。明天只是新的一天，而未来是自己在一生的各种偶然中，不断选择的结果。"

用什么定义来描述战略思维呢？这很复杂，我试图以极简的方式来定义，**战略思维就是对未来的坚韧期许和远见洞察。**1975年，乔布斯以 1500 美元卖掉了自己的大众汽车，他用这笔钱创立了苹果公司。1976 年，苹果电脑已经出现在大西洋城的个人电脑节上，那时候乔布斯仅仅 20 岁。这一切，都源于他的战略思维，即对未来电脑的兴盛具有的坚定认知，他毅然决然地踏上了自己所洞察到的未来趋势。1999 年 2 月，马云在湖畔花园的公寓里，为"十八罗汉"整整演讲了两个小时，开启了他互联网创业之旅。

路遥在《平凡的世界》里写道："人只有初恋般的热情和宗教般的意志，才可能成就某种事业！"

马云和乔布斯的一切正如泰戈尔所言："相信爱情，即使它给你带来悲哀也要相信爱情，有时候爱情不是因为看到了才相信，而是因为相信才看得到。"爱情、战略和未来，亦复如是。**因为相信，所以看见；想象比理解更重要，因为想象，所以相信。**

因此，你需要用战略来规划你的人生！**对于内心没有方向的人，去哪里都是逃离；对于有方向的人而言，走到哪里都是追寻。做自己人生的战略家，成为命运的主宰，成为灵魂的统帅。**

"人，首先是存在者，没有什么本质预先规定着你，面对自己，在世界奔涌翻腾，而后定义自己。"这是法国哲学家萨特给我们的哲学建议！